U0560802

主　编　厉　声

副主编　李　方（常务）　李国强

编委会成员（按姓氏笔画排列）

于　永　于逢春　马品彦　方　铁　厉　声　冯建勇　毕奥男

许建英　孙宏年　孙振玉　李　方　李国强　张永攀　周建新

孟　楠　段光达　倪邦贵　高　月　崔振东　翟国强

中国社会科学院中国边疆史地研究中心　厉声 主编

当代中国边疆·民族地区典型百村调查：新疆卷（第一辑）

分卷主编：马品彦　李　方

分卷副主编：孟　楠　许建英

高山丘陵平原（摄于2007年10月26日）

条田（摄于2007年10月26日）

待收获的油葵（摄于2007年10月25日）

耕畜兼作（摄于2007年10月24日）

团部大楼（摄于2007年10月24日）

农二连荣誉陈列（摄于2007年10月24日）

农二连广场（摄于2007年10月24日）

快乐（摄于2007年10月27日）

骑车上学的孩子（摄于2007年10月25日）

基干民兵（摄于2007年10月28日）

团部巴扎（摄于2007年10月26日）

倾听（摄于2007年10月26日）

参加会战去（摄于2007年10月28日）

会战（摄于2007年10月28日）

秃黑鲁帖木儿汗陵墓（摄于2007年10月27日）

访问（摄于2007年10月25日）

中国社会科学院中国边疆史地研究中心

当代中国边疆·民族地区典型百村调查：新疆卷（第一辑）

厉 声 主编

戍边人

——新疆六十一团农二连调查报告

李晓霞 ◎ 著

社会科学文献出版社

SOCIAL SCIENCES ACADEMIC PRESS (CHINA)

总 序

　　深入实际、开展国情调研，是中国社会科学院肩负的重要科研任务，也是中国社会科学院履行好党中央、国务院赋予的"思想库"、"智囊团"职能的重要方式。中国边疆省区占国土面积的 60% 以上，边疆区情及当地的民族社会调研（边疆调研）是中国国情调研的重要组成部分。正如一位边疆工作者所说：不了解少数民族，就不了解中华民族；不了解边疆，就不了解中国。1983年中国社会科学院中国边疆史地研究中心建立后，特别是 1990 年以来，一直将边疆调研作为学科研究的重点之一。

　　2004 年，中国边疆史地研究中心承担国家哲学与社会科学基金特别项目"新疆历史与现状综合研究"（简称"新疆项目"）。2006 年，中国边疆史地研究中心牵头，立项开展"当代中国边疆·民族地区典型百村调查"（简称"百村调查"），作为此特别项目的子课题。"百村调查"以新疆为重点，在全国新疆、西藏、内蒙、宁夏、广西五个民族自治区和云南、吉林、黑龙江三省基层地区同时开展，共调查 100 个边疆基层村落。调查工作在"新疆项目"领导小组和专家委员会指导下，由"百村调

1

查"专家委员会暨编委会组织实施。在中国边疆史地研究中心主持拟定的调查大纲框架下，发挥每个省区的优势，体现各自的特色。

本项目的实施得到了边疆地区各级地方党政部门的支持。首先，调查工作注意与地方党政部门的相关工作衔接、听取意见，在实施调查之前，主动向各级党政部门汇报情况，听取指示和意见。其次，调查组主动让各级党政部门了解调研的全过程，在调研过程中出现问题时及时向相关党政部门请示。再次，调研阶段成果和最终成果的副本同时提供地方党政部门参考。

"百村调查"的调研主题是：改革开放30年来中国边疆基层村落的民族社会和经济发展的历史与现状。具体内容包括：乡村概况、基层组织、经济发展、社会生活、民族、宗教、文教卫生、民俗风情等。项目调研的时间是：2007~2008年（资料下限至2007年底或适当延长）。

"百村调查"的调研对象为：100个具有典型意义与特色的中国边疆基层村落。课题以基层乡、村两级为调查基点，大致每个省区选择2个地州，每个地州选择1~2个县，每个县选择2个乡，每个乡选择2村。新疆共调查22个村，其他地区均为13个村（辽宁、吉林、黑龙江以东北边疆为单元，共调查13个村）。调查点的选择要求：

（1）本地区社会稳定与经济发展中具有典型意义的基层乡和村。

（2）存在边疆现实政治、社会或经济发展的热点、难点问题。

（3）与20世纪50年代全国边疆民族调查能有一定的衔接。

"百村调查"采取学术调查与现实政治相结合的方法，以社会人类学入村入户调研方法为主，同时关注现实政治、社会与经济发展中的热点、难点问题：一般共性调查与专题专访调查相结合，在一般综合性调查的基础上，选择好专访或专题调研的"切入点"——总结经验与完善不足相结合，在总结各项工作经验的同时，善于发现问题和提出解决问题的对策与建议。调研注重入户访谈和小范围座谈的专访调查。在一般性问卷和统计资料收集的基础上，注重对基层干部、群众典型、教师、宗教人士等特定人员的专题访谈，倾听和收集他们对基层社会稳定与经济发展的看法、意见和建议，形成能说明问题的专访或专题调研报告。

"百村调查"的成果形式分为调查综合报告与专题报告两大类。

（1）调查综合报告：依据大纲规定，撰写有关乡村经济社会等发展状况的综合报告，课题结项后分期公开出版。专题报告及调查资料可以公开发表的，在篇幅允许的情况下，作为附录附在综合报告末尾。

（2）专题报告：内容较敏感、不适宜公开出版的专题报告，集成《专题报告集》，内部刊印。

"百村调查"主编　厉声　谨识

2009年8月25日

目录
CONTENTS

图目录
FIGURE CONTENTS

表目录
TABLE CONTENTS

序言
FOREWORD

　　"当代中国边疆·民族地区基层社会与经济发展典型调研"是中国社会科学院中国边疆史地研究中心主持的国家社会科学基金特别项目"新疆历史与现状综合研究"的子课题，这项课题调查的范围包括新疆、西藏、内蒙古、广西、云南、吉林、黑龙江7个边疆省区及宁夏民族地区。2006年12月，课题在北京正式启动。课题组（以后称丛书编委会）在这次会议上决定，在上述地区选择具有典型意义的100个村落开展调查，因此，这项课题又称"当代中国边疆·民族地区典型百村调查"（简称"百村调查"）。作为会议的重要内容之一，这次会议还决定了各个地区调查村落的数目，新疆作为这次大型调查活动的重点区域，分配了22个村的调查任务，其他地区均为13个村（后来有所调整，吉林省与黑龙江省共调查了13个村）。

一　新疆作为重点调查区域的原因与选点的基本思路

　　新疆地区之所以作为这次调查的重点区域，除了该课题是"新疆历史与现状综合研究"的子课题，理所当然应以新疆为重点之外，还有深刻的客观原因。

第一，新疆是中国行政面积最大的边疆省区，全疆共有160多万平方公里。新疆"三山夹二盆"（北为阿尔泰山脉、中有天山山脉、南为昆仑山脉，前两山夹准噶尔盆地，后两山夹塔里木盆地），自然地理环境独特，天山居中将新疆分为南北两部分，俗称南疆、北疆；东部哈密、吐鲁番等地俗称东疆。南疆、北疆、东疆鼎足而三，调查点要覆盖这些地区，村落的数目自然要比其他地区多。

第二，新疆是中国国境线最长、接壤国家最多的省区。新疆从东北到西南与蒙古国、俄罗斯联邦、哈萨克斯坦共和国、吉尔吉斯斯坦共和国、塔吉克斯坦共和国、阿富汗共和国、巴基斯坦共和国、印度共和国8个国家接壤，国界线长达5600多公里。国界线长意味着边境村镇众多，接壤国家多意味着国际关系复杂。改革开放以来，新疆作为中国对外开放的窗口和前沿阵地，制定了"全方位开放，向西倾斜，外引内联，东联西出"发展外向型经济的方针。2001年6月，中、俄、哈、吉、塔、乌六国成立上海合作组织。该组织刚开始主要进行军事和安全领域的合作，2006年发展到11个成员国和观察员国，合作范围扩展到政治、安全、经济与人文各个领域，新疆连接欧亚大陆桥的桥头堡的作用更加凸显。新疆的这种地理环境和形势格局，势必深刻影响到本地区的各个层面。本次调查以"边疆基层地区"为主题，调查内容不仅涉及新疆基层地区的经济社会发展状况，而且涉及对外交流状况、边境安全问题、边境村生产生活的现状，甚至跨国婚姻、跨境民族（新疆在边疆省区中跨国、跨境民族最多），等等，内容相当广泛。

第三，新疆是少数民族最多的省区之一。全疆有47个民族（据说近年来又有所增加，达到 50 多个），其中 13 个民族是世居民族，分别是维吾尔族、汉族、哈萨克族、回族、蒙古族、柯尔克孜族、锡伯族、塔吉克族、乌孜别克族、满族、达斡尔族、塔塔尔族和俄罗斯族。维吾尔族是新疆的主体民族。本次调研虽然不以少数民族为主题，而以"边疆村落"为主旨，但是新疆的社会人口结构，以及本课题所要求的"典型性"，都决定了调查点必须考虑各民族的分布、各民族不同生产方式和生活习俗对社会经济的影响、各民族之间的关系等问题，以便于更清晰地反映新疆基层地区的现实状况。

第四，新疆是唯一现存生产建设兵团的边疆省区。屯垦戍边，开发边疆，巩固边防，是中国传统的治国方略。早在 1949 年 10 月，中央即开始筹备建立新疆军区生产建设兵团，1954 年建成正规化的兵团国营农场，其后其他边疆地区如广西、云南、内蒙古、黑龙江、西藏也都陆续建立了生产建设兵团（或生产建设师）。兵团在维护边疆社会稳定、建设和保卫边疆、维护国家统一和安全方面发挥了重要的作用。但是，"文化大革命"期间兵团生产遭到了严重破坏，1975 年，中央决定撤销新疆建设兵团，以后其他地区生产建设兵团（建设师）也陆续进行了改制。1981 年，由于形势发展的需要，新疆生产建设兵团得以恢复。新疆生产建设兵团有一套自己的管理体制和系统，与地方的管理体制和系统不同，在改革开放的形势下，新疆生产建设兵团的经济社会发展状况如何，基层连队的生产生活状况如何，其与地方基层村落的关系如何，也是我们必须关注的问题。

第五，新疆自然条件相对恶劣。新疆是典型的干旱气候区，降水稀少，导致新疆的地表资源非常有限。在新疆的地表资源中，60%是荒漠化土地（全国荒漠化土地面积332.7万平方公里），耕地面积为4万平方公里，仅占新疆土地面积的2.5%；可用草地面积为47.09万平方公里，占新疆土地面积的28%；森林覆盖率为2.1%，居全国倒数第二位（全国平均覆盖率为16.55%）；总水量为691.3亿立方米，属于严重缺水的地区；适合人类居住的面积为14.76万平方公里，占新疆土地面积的8.89%，而新疆总人口为2010万人（2005年）。在地表资源如此贫乏的土地上发展农牧渔业，养活如此多的人，实属不易。在近30年的发展过程中，新疆与东部沿海地区及内地经济发展差距日益增大，尤其是南疆维吾尔族聚居的农村贫困问题还十分严重。如何克服地表资源的不足，发展农林牧渔业，缩小与全国其他地区的差别，搞好扶贫开发工作，也是我们调查工作不能回避的问题。

另外，新疆宗教状况复杂，有些地区民族关系较为复杂，"东突"分裂势力一直没有放弃分裂的企图，"三股势力"与国际恐怖势力关系甚密，近年来贩毒、艾滋病问题较为严重，这些都是新疆比较特殊的地方，也是新疆备受国际、国内关注的原因。因此，在新疆进行全面调研，任务十分艰巨。

以上是新疆何以成为这项大型调查工作重点的原因，实际上，这些原因就是新疆的基本特点，也是我们安排布置22个调查点的基本出发点。我们正是根据这些基本特点来梳理这次调查的基本思路，力图将这些基本特点反映在本次调查工作之中。当然，选择调查点还要考虑以下三个因素：（1）在本地区的社会稳定与经济发展中具有典型意义的基层乡村；（2）存在边疆现实政治、经济、社会发展热点、难点问题的基层乡村；（3）能与20世纪50年代全国边疆民族调查有一定衔接的基层乡村。

二　新疆22个调查点（村）的具体安排情况

按照丛书编委会的要求，选择调查点以基层乡村为基点，原则上一个县选择2个乡，一个乡选择2个村。新疆共有22个村，总体上应选择11个乡。我们在充分调研的基础上，按南疆、北疆、东疆三大区域分配，将这11个乡安排在5地州、6县之中。具体安排如下。

南疆地区：

1. 和田地区墨玉县

（1）扎瓦乡：①夏合勒克村（20世纪50年代初、80年代、90年代进行过调查）；②依格斯艾日克村。

（2）喀尔赛乡（与47团相邻）：①阿塔村；②喀尔墩村。

2. 阿克苏地区库车县

（1）比西巴格乡（20世纪50年代进行过调查）：①格达库勒村（民汉混居村，2005年进行过调查）；②科克提坎村（扶贫重点村，20世纪50年代中期、2005年进行过调查）。

（2）牙哈乡（距塔里木油田较近）：①守努提一村；②阿合布亚村。

3. 乌什县

牙满苏柯尔克孜民族乡：尤卡特村（与吉尔吉斯斯坦共和国相邻）。

北疆地区:

4. 伊犁地区霍城县

(1) 清水河镇（20 世纪 50 年代进行过调查，粮食生产为主，汉、回、维吾尔族为主）：①二宫村；②西卡子村。

(2) 三宫回族乡（回、东乡族为主）：①上三宫村；②下三宫村。

(3) 新疆生产建设兵团农四师 61 团农二连。

5. 阿勒泰地区布尔津县

(1) 杜来提乡（1972 年进行过调查，属"2817"工程区域，农牧业结合）：①哈拉塔尔村；②阿合达木村。

(2) 冲乎尔乡（哈萨克、蒙古、汉、东乡等多民族聚居）：①奇巴尔托布勒克村；②布拉乃村。

东疆地区:

6. 哈密地区巴里坤哈萨克自治县

(1) 石人子乡：①石人子村（汉，农业为主）；②韩家庄子村（汉、蒙古、哈萨克族为主，牧业为主）。

(2) 沙尔乔克乡：苏吉东村。

(3) 花园乡：花园子村（农业为主）。

下面有必要说明我们选择这 6 个县的主要理由。

(1) 墨玉县、库车县、霍城县、巴里坤哈萨克自治县这 4 个县 20 世纪 50 年代皆曾做过调查；而布尔津县、乌什县，以及霍城县、巴里坤县这 4 个县又均为边境县。

(2) 南疆的墨玉县和库车县，均以维吾尔族为主，分别代表着传统农业经济占主导地位和现代工业迅速发展的两种类型，目前又都是社会局势较为复杂的区域。

(3) 北疆的霍城县是原伊犁地区的大县，邻近边境，霍尔果斯口岸即在该县，多民族人口杂居，社会局势相对复杂。近年由江苏无锡市一批援疆干部担任县的主要领导，成为东西部协调发展的一个典型。北疆的布尔津县在 20 世纪 80 年代末实施了由联合国粮食计划署资助的"2817"项目，1000 多户牧民因此定居。追踪调查该县牧民定居后的生活状况及经济发展情况，探讨牧民发展之路，很有必要。

（4）东疆的巴里坤哈萨克自治县，亦为多民族聚居区，汉族文化影响较大，在东疆有一定的代表性。

（5）新疆社会科学院的研究人员对这 6 个县均进行过多次不同主题的调查，情况较为熟悉。

从上述安排我们也可以看到，这 6 县中的 11 乡、22 村（点）也同样具有各自的特点和典型意义，这里有南疆维吾尔族农业村、北疆哈萨克族为主牧业村、多民族和谐聚居村、石油工业带动发展村、旅游业促进发展村、特色产业发展村、边境贸易民族村、边境生产建设兵团连队、兵地密切互助村，南疆扶贫开发村、联合国项目资助新建村，等等，这些村（点）可以从不同侧面，集中反映新疆农牧区的基本情况和主要问题。

三　新疆课题组构成及调查方法与进展状况

本项目新疆方面的课题主持人是新疆社会科学院的马品彦研究员、中国边疆史地研究中心的李方研究员和许建英副研究员。课题主持人主要负责课题设计的指导规划、调查工作的组织实施、调查报告的内容审查，以及出版工作的组织协调等工作。

课题组成员主要由新疆社会科学院的研究人员和新疆

大学的教师组成。课题组共分 5 个调查小组，其中新疆社会科学院有 4 个调查小组，新疆大学有 1 个调查小组。每个调查小组各有 4~5 名调查员，其中少数民族、汉族成员若干。调查组成员的要求是：（1）有田野调查的经验；（2）工作负责，吃苦耐劳，有协作意识；（3）能够独立完成村级报告的写作。每个调查小组有组长一人，全面负责调查小组的具体工作。调查小组组长是本次调查工作的关键人物。

各调查小组的具体分工是：孟楠教授负责南疆和田地区墨玉县；王磊组长负责南疆阿克苏地区库车县、乌什县；李晓霞组长负责北疆伊犁地区霍城县；石岚组长负责北疆阿勒泰地区布尔津县；苏成组长负责东疆巴里坤哈萨克自治县。

我们这次调查工作主要采取的是社会学、人类学、民族学的基层调查方法，通过入户访谈、问卷调查、会议座谈，收集县乡村各级政府、自治组织的文献材料，拍摄各种图像资料，以专访、专题调研为"切入点"，在一般性问卷和统计资料收集的基础上，注重对基层干部、群众典型、教师、宗教人士等特定人员的专题访谈，倾听和收集他们对基层社会稳定与经济发展的看法、意见和建议，在此基础上形成能说明问题的专访或专题调研报告。同时，将一般共性调查与专题专访调查结合起来，进行全面深入的分析研究。

具体工作可分为四个阶段。

第一阶段：前期准备工作。（1）按照丛书编委会提供的样板和要求，设计调查方案、调查问卷及访谈提纲，组织调查小组组长在巴里坤县一个点进行试调查，在此基础上修改调查方案；（2）将调查问卷、访谈提纲分别翻译成维吾尔文、哈萨克文；（3）调查成员研读所负责县乡的现有相关资料；（4）培训所有调查人员，内容包括调查方案的解析、调查方法及注意事项、访谈提纲和调查问卷的详细说明，试填调查问卷，分配各调查组成员的调查写作任务；（5）与调查县联系调查事宜；等等。

第二阶段：各小组分别下县乡村实地调查，在县、乡召开座谈会，入村入户进行访谈，收集文字资料，拍摄图像，对调查点及所在县乡形成初步认识。

第三阶段：整理、分析、研究收集到的材料和数据，深化对调查点的认识，撰写调查报告。

第四阶段：按照新疆分卷主持人和丛书编委会的要求，补充材料，修改、完善调查报告。

四　本次基层调查活动的评估和预期

“当代中国边疆·民族地区典型百村调查”是中国首次以“边疆基层村落”为主题进行的大型调查活动，这项调查活动在新疆也是仅见的，因此，无论从学术价值，还是从现实价值而言，这项调查工作的意义都是重大的。这里我们有必要回顾一下中华人民共和国成立以来在新疆开展的各次调查活动，在比较中明确本次调查活动的意义。

中华人民共和国成立后，国家对新疆少数民族的调查研究非常重视。从1952年起，国家曾组织众多专家学者在新疆进行大规模的社会历史调查。路径是先调查各少数民族的社会生产力、社会所有制和阶级情况，然后搜集历史发展资料和风俗习惯，进而对各民族历史做系统研究。这次对少数民族社会历史的调查参与人数之多、调查地域之广、撰写资料之丰富，都是前所未有的。调查人员不辞辛苦地做了大量调查笔记，搜集了各种文献资料。根据这次调查和文献研究，出版了"民族问题五种丛书"及大量的调查报告。调查报告主要收集于《新疆农村社会》（上、下册）、《新疆牧区社会》两本文集中，从而为新疆开展民族识别，推行民族区域自治制度，推动民主改革和社会主义改造，制定各项民族政策，发展少数民族地区的经济文化和各项事业，加强民族研究工作，提供了科学的依据和丰富的材料。但是，这次调查以少数民族为重点，不是以边疆基层为主题。另外，规定要为政治服务，许多值得调查的问题如传统文化等，都不同程度地被忽视了，这是这次调查活动的主要不足。

此后对于新疆基层社会的调查研究时断时续，覆盖区域或涉及内容均十分有限。如 1972 年新疆民族研究所对阿勒泰地区的阿勒泰市、哈巴河县、布尔津县进行牧区社会调查，发表了《解放前阿勒泰哈萨克牧区社会》调查报告；20 世纪 80 年代后期新疆社会科学院与新疆大学在南疆莎车县和墨玉县进行"新疆开发与民族问题研究"课题的调查，出版了《南疆脱贫问题社会学调查》；20 世纪 80 年代末在库车县进行国情调查，出版了《国情丛书·库车卷》；20 世纪 90 年代中国社会科学院民族研究所组织"中国少数民族现状与发展调查"，出版了《富蕴县·哈萨克族卷》、《墨玉县·维吾尔族卷》；2002 年云南大学组织研究人员分别对新疆维吾尔、哈萨克、柯尔克孜、塔吉克、乌孜别克、塔塔尔、俄罗斯 7 个少数民族较为集中的村寨进行选点调查，出

版了《中国民族村寨调查丛书》7 本；2005～2006 年新疆
社会科学院民族研究所对库车县、察布查尔锡伯自治县进
行调查；等等。这些调查仍然以少数民族为主要调查对象，
或就某一专题而设计，或着眼于某一局部地区，对于边疆
问题基本未涉及或涉及得较少。国外更无有关边疆的调查
和相关研究。

中华人民共和国成立尤其是改革开放以来，新疆发生
了巨大的变化，同时出现了不少新的现象和新的问题，在
这样的情况下，全面、深入调查研究新疆基层地区情况和
新疆出现的新现象、新问题，就成为边疆工作者义不容辞
的责任。中国边疆史地研究中心作为国家级专门研究边疆
的学术机构，以高度的社会责任感和敏锐的职业嗅觉，认
识到边疆基层调研的重要性和迫切性，从而设计了这个大
型课题。生活、工作在新疆的边疆工作者对这个课题当然
也十分感兴趣，从而有了这一次的合作。本课题的实施，
预期将对党和政府制定相关政策，国人探讨新疆基层发展
道路，学者研究边疆社会、经济、民族、文化等问题，发
挥重要的作用。

这次调查工作总体来说是比较圆满的。这是因为，虽
然每位调查工作者了解的情况有多有少，认识的程度有深
有浅，理论水平有高有低，表达能力有强有弱，但是，参
与这项工作的每位同志都是以认真负责的态度对待这项工
作的，这就为这项工作的圆满完成打下了坚实的基础。此
其一。中国边疆史地研究中心在设计调研提纲时，对调查
的内容做了较为详细的规定，举凡乡村概况、基层组织、
经济发展、社会生活、民族、宗教、文教卫生、民俗风情

都规定有专门章节论述（也允许有地方特色的章节），并规定必须到当地获取第一手资料，以亲眼所见和调查问卷、座谈访谈等方式，结合文献书面材料，综合分析研究，以保证内容的完整性、信息的可靠性和结论的可信性。此其二。在选择调查点和前期准备工作及人员安排方面，新疆课题组都做了精心的安排，以确保调查点具有典型性，调查撰写工作具有实效性，从而以点带面，较全面地反映新疆村落经济社会发展的基本状况。此其三。如前所述，此前尚无从"边疆基层"这个角度进行调查的活动，因此，这次调查工作具有开创性的意义。从开创性这个层面来看，这个工作无论如何都是有贡献的。此其四。当然，由于新疆地域广大，路途遥远，我们下去调查工作的次数不多，下到基层的时间亦不长，对基层的认识或许有所不足；且由于参加调查撰写的作者众多，水平不一，成果质量参差不齐，甚至可能出现一些错讹。在此，作为丛书新疆卷的主编，我们代表相关作者表示歉意，并恳请广大读者和专家批评指正。

　　这次调查的一本本调查报告，就像一个个坐标，将把新疆基层村落发展的状况定格在瞬息万变的历史发展阶段之中，留下永恒的记忆；又像一把把钥匙，将把新疆基层村落的发展引向无穷无尽的未来，成为新的历史阶段的新起点。这是我们对这次调查活动的评估，也是我们对这次调查工作效果的预期。确实与否，有待读者的评价。

马品彦　李　方

2009 年 8 月 22 日

第一章 概述

　　新疆生产建设兵团农四师六十一团，地处伊犁哈萨克自治州霍城县西北角，西以霍尔果斯河为界，与哈萨克斯坦共和国隔河相望，东与霍城县伊车嘎善乡接壤，南与莫乎尔牧场相连，北抵温泉县，西南与六十三团为邻。全团东西宽 54 公里，南北长 72 公里，总面积 157.99 万亩。团场紧靠 312 国道，毗邻新疆最大的陆路口岸——霍尔果斯口岸，与哈萨克斯坦有 85 公里边境线相接，属于边境一线农牧团场。2006 年，全团有 32 个基层单位，其中 10 个农业连、5 个园林连，团部驻地阿力玛里（突厥语意为"苹果城"）镇，距霍城县城 40 公里，距伊宁市（农四师师部所在地）84公里，距乌鲁木齐市近 800 公里，距霍尔果斯口岸仅 17 公里。2006 年，全团总人口 1.3 万人，职工近 4300 人。

第一节　自然环境

　　六十一团辖区地形大致由北至南分为三个地貌单位，即天山山区、山前丘陵和山前倾斜平原。根据地形、气候等条件，可将其划分为五个地理区：（1）高山区：紧靠天山，山脉多呈东西走向，山势陡峭，山间河流将其分割成许多山间谷地和山峰。海拔 3000～4300 米，占地 78.6 万亩，山上沙石覆盖，终年积雪，仅有苔藓植物生长。（2）亚高山区：海拔 2000～3000 米，占地 36 万亩。属寒冷的大陆性气候，夏季凉爽，多雨雪；冬季严寒，积雪较厚。有原始森林 5.9 万亩、天然草场 13.9 万亩。（3）中山区：海拔 1200～2000 米，占地 6.2 万亩，气候湿润，生长着针叶林和阔叶林。（4）丘陵低山区：海拔 960～1200 米，占地 24.6 万亩。坡度大，水土流失严重，干旱缺水。大多被开发为旱田和春秋草场。（5）冲积扇平原：海拔 700～960 米，占地 12.7 万亩。地势由北向南倾斜，地形较为平坦，是六十一团主要的生产、生活区域（见图 1-1）。

图 1-1　丘陵低山区（摄于 2007 年 10 月 26 日）

气候南北差异很大。北部高山区域山上终年积雪，南部农区属于逆温带大陆性干旱半荒漠气候，春季温度不稳，夏季炎热少雨，秋季降温较快，冬季寒冷干燥，温度日差变化大，冬夏温差较大。年平均气温 8.7℃。1 月份最冷，月平均气温 -7.8℃；7 月份最热，月平均气温 22.3℃。无霜期 170 天左右。沿山一带海拔 700～1300 米区域到冬季

（11 月至来年 3 月）形成一条逆温带，即随地势的增高而气温递减，靠近山区和低山区的气温高于平原地区，这里种植的苹果、杏、梨等都可以安全越冬。光照充足。年均降水量 267 毫米，多集中在 4～6 月份和 11 月份，年均蒸发量为 1614 毫米。年平均积雪厚度 30 厘米。风向以西北风为主，大于 6 级以上的大风每年为 18～44 次，多集中在 4～8 月份。每年 5～6 月份，时有霜冻，6～7 月份，时有冰雹。如 1985 年 5 月 13 日，全团已播种的近万亩早春作物遭受霜冻；1994 年 7 月 4 日，冰雹持续 15 分钟，使农二连等 8 个单位的 4.5 万亩作物严重受灾。虽然这里冬天的雪灾、夏天的洪灾或旱灾、春夏的风灾和雹灾、春秋的冻灾时有发生，但总体看，这里温度适宜，雨量充足，加之山上冰雪融水，适于灌溉农业（粮食、糖类）和果林业（苹果、桃）的发展。

地表水资源来源于格干沟、三泉沟和霍尔果斯河，年均径流量为 1.22 亿立方米。格干沟、三泉沟河流为融雪性河流，气温高，水量大，大水月出现在 6～8 月。霍尔果斯河为中哈界河，六十一团可得分水比例的 9%，年分水量 1100 万立方米。地下水位较深，一般在 60～100 米以下。河流等地表水是六十一团生产、生活用水的主要供给来源。

已开发的矿产资源主要有石膏、石灰石、沙粒等。

第二节　历史概述

六十一团所在地历史上位于东西方交通要道，曾是有名的繁华都市。目前六十一团团部所在地为阿力玛里镇，我们调查的农二连驻地为阿力玛里村。战国时期的塞人，两汉时期的月氏人、乌孙人、匈奴人，隋唐时期的突厥人，元明时期的蒙古人等，都在这块土地上生活过。

阿力玛里，突厥语为"苹果城"之意。李志常的《长春真人西游记》称"世人呼果为阿力玛，盖多果树，以是名城阿力玛里"。耶律楚材的《西游录》中称阿里，刘郁的《西游记》称阿里麻里，《元史西北附录》亦做"阿力麻里"和"阿力玛里"。

阿力玛里城最早建于何时，有待考评。据史书记载，公元1124年，契丹宗室耶律大石率众西迁，在中亚建立西辽王朝。汉时居住在伊犁等地的葛逻禄部臣服于西辽，阿力玛里城即葛逻禄部之王城。其后，蒙古崛起，西辽灭亡。1225年，成吉思汗把其征服的土地分封给4个儿子，察合台被封以中亚，为察合台汗国。察合台以阿力玛里为首都，得到迅速发展，被誉为"中亚乐园"。14世纪20年代，察合台汗国分裂成东西两部，东察合台国的首府在阿力玛里城。元中统五年（1263年），常德西行，在阿力玛里城中，见"回纥与汉民同居，其俗渐染，颇似中国"。当时的阿力玛里是多宗教区域。元统元年（1333年），罗马教皇派尼古拉到北京接任已故大教主之位，途经阿力玛里城，城内统治者热情接待并将城附近的一块地产捐给主教，后来在此修建了一座教堂，有主教，还有一些来自欧洲的圣方济各派僧侣。14世纪中期，秃黑鲁帖木儿汗强迫所属16万蒙古人皈依了伊斯兰教。从欧洲来的僧侣被伊斯兰教势力杀害，伊斯兰教成为城中唯一的宗教。至今在六十一团农七连，还保留着成吉思汗第七世孙秃黑鲁帖木儿汗规模宏大的穹隆式陵墓，吸引着众多中外游人。16世纪60年代以后，信奉伊斯兰教的察合台后王已完全突厥化，并退居南疆绿洲地带，阿力玛里城逐渐荒废（见图1-2）。

图 1 - 2　秃黑鲁帖木儿汗塑像（摄于 2007 年 10 月 27 日）

阿力玛里城以农二连为中心，约 10 余平方公里的范围。现遗址除秃黑鲁帖木儿汗麻扎外，其余均辟为良田。在农二连曾出土大量文物，主要有古汉文钱币和阿拉伯文钱币，有玛瑙饰物、玉器、石刻、铁锅、石磨盘、青花瓷碗和西辽至元代的各种瓷器。清代学者徐松曾专门到阿力玛里城探察，1937 年、1958 年，考古学家黄文弼曾两次到阿力玛里城遗址考察。1957 年 1 月，阿力玛里城遗址被自治区人民政府列为第一批文物保护单位①。

六十一团是在特定历史条件下建立起来的边境农场。原位居现六十一团境内的是霍城县的前进公社和幸福公社。1962 年 4 ~ 5 月间，新疆伊犁、塔城地区数万名中国居民在外国势力的诱骗下越境，史称"伊塔事件"。据统计，在"伊塔事件"中，霍城县约有 1.4 万居民越境，占全县当时总人口的 38.7%，而沿边乡场达到 50%，前进公社、幸福

---

① 《六十一团志》，第 117、430、431 页。

公社十室九空，生产停滞，生产资料和生活资料十分匮乏，秩序混乱。为了稳定边防，恢复生产，在上级党委的领导下，农四师（师部在伊宁市）奉命抽调了 1700 名基干民兵作为"三代"工作队进驻此地，帮助社员"代耕、代牧、代管"。农四师从所属团场调集货车 4 辆、轮式拖拉机 3 台，军垦战士、家属肩拉人扛，担负了 7 万余亩土地的耕作和运输任务。1962 年 10 月，以前进公社为基础组建农四师十三团农场，以幸福公社为基础组建农四师十四团农场。1964年 2 月，十四团农场并入十三团农场。1969 年 4 月，十三团农场改为九十一团农场，7 月改为六十一团农场。40 多年来，经过几代军垦战士的艰苦奋斗和开拓进取，六十一团已发展成为以农业为主，工、交、建、商、文、卫综合发展的边境一线农牧团场（见图 1－3）。

图 1－3　六十一团标志（摄于 2007 年 10 月 24 日）

第三节　经济社会发展状况

六十一团是以农业为主，林果业、畜牧业、工业并存发展的农牧团场。2006 年，辖区总人口近 1.5 万，团场人口 1.3 万，由汉族、维吾尔族、哈萨克族等 13 个民族构成。少数民族 2876 人，占全团人口的 22%。共有在册正式职工 4124 人。全团下辖农林连队 15 个，工、交、建、商单位 8 个，服务单位 11 个。国家西部大开发政策的稳步深入实施，给六十一团这样的边境一线农牧团场带来了更多的优惠政策和难得的发展机遇。2001年，六十一团被列为兵团"金边工程"试点单位，基础设施建设的投入加大，经济发展速度加快。2004 年度，六十一团获得"农四师争先创优"先进单位称号。

2006 年，全团有耕地 8.7 万亩，果园 2.58 万亩，林地 12.66 万亩。耕作区位于冲积扇平原地段，为沙壤土。土层较厚，土质肥沃，加之适宜的气候和河川上游丰富的冰雪融水，具有发展灌溉农业得天独厚的地理条件。团场大面积的条田平坦规整，以渠道、林带、道路相隔，适宜大规模的机械化耕作。粮食作物主要有小麦、玉米；油料作物有油葵、胡麻、蓖麻；经济作物有甜菜、打瓜。近几年团场积极推广精准农业技术和高新技术，加强农田水利建设和节水灌溉力度，发展订单农业，主要种植亩产值在 800 元以上的高效作物，以制种玉米、甜菜、优质小麦为主。2006年，种植制种玉米 1.99 万亩，高粱 0.44 万亩，甜菜 0.36 万亩，订单农业创产值 4473 万元。

冬暖夏凉的逆温带环境，日照充足，昼夜温差大，使六十一团所在位置很适宜果树生长，早在建团初期就开始定植苹果园上千亩。近些年林果业发展更快，2005 年有苹果 0.54 万亩，杏 0.38 万亩，桃 0.56 万亩。有名的如"树上干杏"，也称吊死干，即杏成熟不落，在树上直接风干成杏干，肉甜仁香。还有油蟠桃、红富士苹果、酿酒葡萄与鲜食葡萄等，物美产丰（见图 1-4）。

图 1-4　深秋的果树（摄于 2007 年 10 月 27 日）

全团有草场面积 37.6 万亩。草场是山区的天然草场，根据自然环境分为春、夏、秋、冬四季草场，四季轮换放牧。农区主要通过舍饲养殖，并从事牲畜育肥生产。主要的畜牧品种有羊、牛、猪等。2006 年底全团牲畜存栏总数为 8.69 万头（只），其中有绵羊 7.5 万只，牛 0.41 万头，猪 0.41 万头，山羊 0.37 万只。六十一团还有畜牧连，主要从事畜牧业生产，以哈萨克族职工为主。

工业被认为是现代化的核心。团领导也希望通过发展工业推动团场经济发展，实现"工业强团"的梦想。但团场办工业的历程并不顺利。1991～1997 年是六十一团工业大发展的时期，团里投资建了一批企业。1991 年，团里投资 1000 余万元筹办了溶剂厂，亏损后在 1994 年技改为万吨酒精厂，是当时新疆唯一用玉米发酵生产酒精的企业，效益很好，带动了全团水电业、运输业、饲料加工业和养殖业的发展。1997 年，团工业总产值 3083 万元，占工农业总产值的 29%，创利润 1000 万元，这是团工业发展最辉煌的时期。2000 年全团第二产业产值 904 万元；2004 年为 805 万元，比上年同比减少 22%；2005 年上升到 1255 万元；2006 年又下降为 817 万元，第二产业产值占全国国内生产总值的比重在 10% 左右，工业发展步履维艰。团场仍全力推动工业化的进程，同时也清楚地认识到工业的发展只能与本团的资源优势相结合，主要是农产品的加工、贮运、营销，对内鼓励民间资本投入，对外加大引资力度。目前团场的工业产品有食用酒精、苹果浓缩清汁、干果、粮油制品等。

2006 年，全团完成国内生产总值 12461 万元，实现综合利润 226 万元。随着团场经济的发展，团场职工的收入有明显增加，生活水平也明显提高。1990 年人均纯收入 2356 元，职均收入 5273 元；2006 年人均纯收入增至 7203 元，职均纯收入 11284 元（见表 1-1）。当年团场为职工减负 103 万元（10%）。

表 1-1　六十一团部分经济指标

项目 年份	国内生产总值（万元）	三产比重（%）			全社会固定资产投资（万元）	综合利润（万元）	人均纯收入（元）	职均纯收入（元）	年末居民存款余额（万元）
		一产	二产	三产					
1990	1535	80.8	9.2	10	—	80.5	2356	5273	—
1995	7069	64.2	15.7	20.1	—	1018	3272	7119	—
2000	8361	64.5	10.8	24.7	1723	608		6224	—
2004	10200	67	7.9	25.1	1800	236	—	10000	
2005	11768	65.8	10.7	23.5	3185	219	6875	10942	11058
2006	12461	70.5	6.6	23.0		226	7203	11284	
兵团 2005	—	39.4	25.2	35.4		—	4105*	12136**	—

注：* 农牧团场；** 在岗职工平均工资。

数据来源：1997 年以前的收入数据来自《六十一团志》第 423 页，综合利润数据为第 231 页的全团盈亏表中的赢利数，以后的数据为六十一团领导在历年职代会上作的报告等相关资料。2000 年的数据摘自团部大楼内纯利润展示栏。

团部所在地阿力玛里镇是全团的政治、经济、商业中心，也是全团人口最集中的区域，不少连队职工在团部买房居住。团场有物资站、种子站、收购站、供销公司、外贸公司等，个体商业户、服务户发展很快。2004年，全团有上百个个体商业和服务业网点，团中心市场每天有上百个摊位。阿力玛里镇以十字路口为中心，周围团招待所、邮电大楼、伊犁兵团支行六十一团营业所、机关办公大楼（见图1-5）、职工文化中心（见图1-6）等，楼房林立；东西、南北垂直柏油路街道两旁职工住宅楼（见图1-7）、商业楼、中心市场、公园、职工休闲广场，鳞次栉比；十字路口中心花园竖立着25米高的柱形灯塔，街道两旁的高架路灯排列有序。边境小城镇街道整齐，绿树成荫，各种车辆、路人川流不息，生机勃勃。一些职工从过去长年住在连队从事农业生产到出外打工、经商，尔后将家迁到团部。许多退休职工也感到边远连队较为寂寞，陆续从连队

图1-5　团部大楼（摄于2007年10月24日）

图 1 - 6　团部职工住宅（摄于 2007 年 10 月 24 日）

图 1 - 7　职工文化中心（摄于 2007 年 10 月 24 日）

迁到团部。团部人口也迅速集中，由过去的 2000 人发展到至今 6000 人。莫阿公路纵贯团部中心，向南 8 公里与 312 国道相接。每天有数十辆班车发往伊犁、乌鲁木齐、清水河、霍尔果斯和霍城县，交通十分便利。团场的主要交通工具是摩托车，据说全团 4800 多户人家就有 3000 多辆摩托车。

六十一团的学校教育始于 1962 年。当时属于初级小学，借用几间民房作为教室。汉语学校只有 8 个班，学生 338 人；尼加提学校（维吾尔语学校）有 4 个班，学生 672 人；哈萨克语学校 1 个班，学生 32 人。1990 年，全团共有 17 所学校。1994 年实施集中办学，保留了 3 所学校，分别是团部的团中学（汉语，包括小学部、初中部、高中部）、园林四连（小麻扎）的尼加提中学（维吾尔语）、畜牧连的哈萨克语学校。2005 年，全团有团中学（汉语）、尼加提学校（维吾尔语）、哈萨克语学校 3 所，均为九年一贯制学校，团中学一至九年级各设 4 个教学班，维、哈两校各有 9 个教学班，在校生 1876 人，少数民族 386 人，44 个教学班，教职工 148 人，其中专职教师 114 人，民族教职工 33 人。团中学 1973 年开设高中班，2003 年停办，现在所有的高中学生到位于伊宁市的农四师中学上学。1991 年开始，年满 5 周岁的儿童被纳入学前教育计划之内。2004 年，学前教育有团中心幼儿园及 7 个连队办的等 8 个教学点。2006 年，全团的小学入学率、中学入学率、小学毕业率、中学毕业率均达 99% 以上，中考升学率达 77%，11 名学生在国家级竞赛中获奖。

20 世纪 60 年代，团场设立卫生队，医疗设施简陋，只有简易门诊，可诊治一般常见病、多发病。30 多个基层连队有卫生室，每个卫生室有 1~2 名卫生员。20 世纪 70 年代，建起土木结构的门诊和病房，病人住院不用再自带被褥。1980 年卫生队改为六十一团医院，门诊扩大为内儿、外妇、中医等 14 个综合科，医疗条件明显改善。2006 年全团卫生队有 89 人，其中在编 79 人；医技人员 78 人，在编 64 人；有副高职称 3 人，中级职称 17 人。医院外科能独立完成各种腹部手术，内科能处理一些危难急重病例。医院作为差额拨款单位，医务人员工资的 50% 通过医疗服务自筹。团医疗服务设有连队卫生室 14 个，卫生人员 14 人，其中医师 4 人。阿力玛里镇除团医院、卫生防疫站外，还分设了 4 个门诊部，并有 4 家个体药店（见图 1 - 8）。

图 1 - 8　团部医院（摄于 2007 年 10 月 26 日）

兵团的职工可以享受退休工资。1978 年，根据国家有关规定，六十一团从当年起对符合离退休条件的人员办理离退休手续。男工人年满 60 周岁，女工人年满 50 周岁，连续工作满 10 年的属于正常退休。1996 年 1 月开始，兵团为职工建立个人养老金账户。根据政策规定，职工根据个人基本工资基数缴纳一定比例的养老、医疗、工伤、生育保险，可享受相应的保障待遇。截止到 2006 年 10 月底，全团退休职工人数 2586 人。全团社会统筹征缴和养老保险金发放率均达 100%，实际发放养老、医疗、工伤、生育金 2272.26 万元，报销离休老干部药费 84.4 万元。

有团场户口，月人均收入不足最低生活保障标准的居民，符合条件者均可享受最低生活保障。2006 年发放的标准最高的 117 元/月，2007 年增至 148 元/月。2006 年 12 月，全团低保对象达 250 户，计 450 人，2007 年 10 分别增加至 279 户，计 490 人，占人口比例的 3.77%，月人均补助水平 92.85 元。职工中还有少数家庭人均生活费收入虽略高于当地最低生活保障标准，但仍不能维持基本生活，被称为困难职工，他们也得到了生产、生活方面的扶助。2006 年团场为低保户、贫困户累计发放款物 68.3 万元。

由于六十一团是以农业生产为主的团场，而土地资源、草场资源是有限的，团场的就业压力也很大。据不完全统计，2003 年在团内或团外从事各种自营经济的总人数为 740 名，占全团从业人数的 17%。2001~2006 年，团里录用了 1006 名青年人加入到职工队伍。并希望通过土地开发（开发旱田），解决待业青年和下岗失业人员的就业和再就业问题①。

六十一团有维吾尔族等少数民族 2876 人，占团总人口的 22%。有宗教活动场所 7 个（含 1 个中心清真寺）（见图 1-9），宗教人士 8 人，其中阿吉 2 人，阿訇 6 人。全团 2004~2007 年有 25 人去麦加朝觐，其中公朝 5 人，私朝 20

---

① 温明海政委在中国共产党六十一团第六次代表大会上的工作报告，2006 年 6 月 23 日。

人。少数汉族居民信仰基督教。六十一团有侨眷 152 户，90% 是居住在园林四连的维吾尔族。

图 1 - 9　清真寺（摄于 2007 年 10 月 25 日）

国家西部大开发政策的稳步深入实施，给边境一线农牧团场带来更多优惠政策和难得的机遇，诸如精伊霍铁路和伊犁河北岸综合开发等重大项目的建成投产，将极大地带动六十一团经济社会的快速发展。团场实施"两区联动"的中长期发展战略，即农区和山区互相促进，联动发展。计划到"十一五"末，全团国内生产总值达到 1.72 亿元，年均增长 9.5%，其中第一、二、三产业分别增长 8%、24%、6%；林果业、畜牧业、种植业三足鼎立的格局和粮经草三元结构真正确立。固定资产投资达到 83270 万元；职均收入力争达到 16163 元，年均增长 8%。农牧工家庭人均收入达到 7596 元，年均增长 8%[①]。

————————

① 温明海政委在中国共产党六十一团第六次代表大会上的工作报告，2006 年 6 月 23 日。

第四节　人口发展状况

2006 年，六十一团辖区总人口 14684 人，总户数 4814 户。共有 13 个民族，其中汉族 11650 人，维吾尔族 1003 人，回族 864 人，哈萨克族 767 人，其他民族 400 人。有暂住人员 132 人①。

六十一团最初的人口包括以下部分：1962 年时"三代"工作组的留用人员 1700 余人；当地社员（包括家属、小孩）1272 人；当年分配来的大中专毕业生 33 人。此后，主要是接收内地来的支边青年、转业与退伍军人及其家属，分配来的大中专毕业生等，如 1963～1966 年，接收了上海支青 291 人，武汉支青 239 人，武汉、成都、兰州、济南军区退伍士兵、转业军人及其家属 833 人，分配大中专毕业生 48 人。1970 年，从伊犁军区煤矿转入 19 人，1983 年接收新疆军区留疆技术骨干 13 人，陕西、山西、甘肃籍退伍士兵 16 人。历年自动支边及零星调入的职工家属、子女数千人。其他人口为本团出生的第二代、第三代职工子女。1964～1976 年，六十一团人口增长迅速，出现高生育率、高自然增长率的局面，1976 年，全团总人口 15743 人，是 1964 年总人口的 1.9 倍，也是六十一团人口增长的峰顶。1977 年的火灾②，造成部分人员死亡和流动。

---

① 团政法办《2006 年 61 团综合治理和平安建设工作总结》，2006 年 11 月。该数字与团报表的数字有差异，可能是统计口径不同。这里按照原文抄录，没有修订。

② 1977 年 2 月 18 日（农历正月初一）晚，六十一团俱乐部放电影，因一小学生燃放花炮导致了一场特大火灾事故，致使 694 人遇难，161 人伤残。

人口的迁入与迁出是同时发生的。1977 年以前主要是迁入，调出职工、家属（主要是调往其他团场、南疆）650 人。1978 年以后，迁出人口较多，至 1995 年的 18 年时间里，除 1992 年外，都是迁出人口多于迁入人口。尤其是 20 世纪 80 年代以后，内地经济发展相对比新疆快，人口出现倒流现象，如 1985 年迁入 278 人，迁出 1157 人；1986 年迁入 398 人，迁出 892 人。近 20 多年来，六十一团人口数量的下降，主要是迁移所致，而不是因为生育率下降（见表 1 - 2、图 1 - 10）。

表 1 - 2　六十一团人口变动情况

单位：人

年份 项目	1962	1965	1970	1975	1980	1985	1990	1995	2000	2005	2006
人口数	4574	8697	12791	15243	15319	14016	13347	13054	12536	12943	12988
职工数	1585	4686	5471	5482	6034	5170	5962	5061	4389		

注：1997 年以前的数据来自《六十一团志》第 75 ~ 76 页，以后的数字来自团里报表。此处 1990 年、2006 年数据与文中有出入，系数据来源原如此。

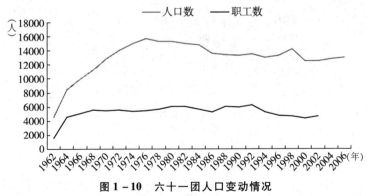

图 1 - 10　六十一团人口变动情况

注：1997 年以前的数据来自《六十一团志》第 75 ~ 76 页，以后的数字来自团里报表。

团场从成立之初就以汉族人口为主，少数民族人口主要为维吾尔族、回族、哈萨克族几个民族，维吾尔族、哈萨克族主要是原居民（见表 1 - 3）。以下几个连队少数民族人口较集中：园林四连是以维吾尔族为主的连队，维吾尔族人口占全连人口的 70% ；畜牧连以哈萨克族牧民为主；农七连回族人口占到多数。20 世纪 90 年代以后，由于部分汉族人口迁回内地，汉族的生育率较低，汉族人口的比重有所下降，1990 年汉族人口占全连人口的 81.5% ，2006 年占 77.7% 。

表 1 - 3   六十一团人口民族构成变化情况

单位：人

民族 年份	总计	汉	维吾尔	回	哈萨克	蒙古	其他
1980	15319	—	—	—	—	—	—
1990	13134	10709	821	530	689	9	376
2000	12536	9832	854	1114	596	7	133
2001	12568	9832	859	2235	597	11	134
2002	12658	9862	881	1127	643	11	134
2003	12723	9811	891	1127	643	15	136
2004	12820	9980	902	1137	646	17	138
2005	12943	10077	908	1152	650	17	139
2006	12988	10092	913	1171	655	17	140

注：1990 年数据来自新疆维吾尔自治区人口普查办公室、新疆维吾尔自治区统计局编《新疆维吾尔自治区第四次人口普查手工汇总资料》（新疆人民出版社，1991），2000 年以后的数据为团里提供。

团场人口相对较年轻。1988 年，0 ~ 14 岁人口占 13.7% ，15 ~ 49 岁人口占 66.8% ，50 岁以上人口占 19.5% 。1997 年，团场人口开始由成年型向老年型转化。2003 年全团在册的正式职工队伍中，42.1% 的人在 35 岁以下，47.4%的人为 36 ~ 49 岁，10.5%的人在 50 岁以上[①]。

　　团场的人口一直是男性多女性少（见图 1 - 11），这与持续存在的迁移人口中男性比例较大有关。1964 年，十三团总人口 8410 人，男女比例为 3∶1。1965 年开始，大批转业军人家属来疆参加工作，男女比例失调的问题有所缓解。女性比例有所增加。1971 年全团人口中女性占到 49.4%，1997 年女性占全团总人口的 49.6%，但在 2006 年，女性人口占全团总人口的 48.5%。

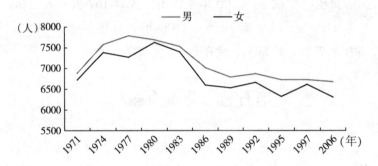

图 1 - 11　六十一团男性和女性人口数

注：《六十一团志》第 78 页，2006 年数据为团里提供。

　　1975 年，六十一团开始计划生育工作。六十一团是边境团场，汉族可以生育两个孩子，少数民族可以生育三个孩子，要有一定的生育时间间隔，并根据规定申请生育指标。团场的计划生育制度很严格，有明确的奖惩措施，对独生子女家庭、晚婚晚育者有一系列政策支持或奖励；对无生育指标生育二胎者，有降级、罚款、行政等方面的处罚，母亲的生育费用及小孩的医疗费用自理。如 1994 年规

---

①　《六十一团就业与再就业及社区工作情况汇报》，2003 年 10 月。

定，独生子女父母从领证之日起至独生子女年满 14 周岁
（现在是 16 周岁）止，每月领取 10 元奖励金，并一次性奖
励 50 元，产假期间就领证的增加产假 5 天，独生子女父母
退休时加发原工资 5% 退休金。婚后未领取《准生证》者，
生育第一胎罚 1000 元；计划外间隔不够生育条件者，一次
性罚款 2000 元；超计划生育一个子女者，一次性罚款 1 万
元；流动人口超计划生育者，一次性罚款 2 万元。计划生育
的成效很明显，生育率一直保持在较低水平上，汉族夫妇
大多只生一个孩子。2000 年全团出生人口 167 人，人口出
生率 12.9‰，计生率 100%。2006 年人口出生率 7.99‰，
节育率 93%，晚婚率、晚育率、计生率均 100%。

第五节　调查点概况

　　农二连（简称二连）是我们在六十一团的调查点。开
始我们希望选择一个边境连队或靠近边境的连队，而在六
十一团辖区与边境线为邻的只有农一连，没有真正意义上
的居民区靠近边境的连队，团场方面建议我们选择二连。
基于边境团场的特殊性，我们尊重团场的意见，以二连为
调查点。事实上，由于目前边境形势较为稳定，所谓边境
连或非边境连并没有多少差别，连队的主要工作以及职工
的主要关注点都是生产与生活。在调查过程中，我们也没
有对身处边境附近有什么特殊的感受。
　　在二连我们对 50 人（户）进行了问卷调查，并对连队
干部、职工进行了访谈，翻阅了连队大量的档案资料。因
为在连里的时间并不长，当地人以为我们是去了解问题、
帮助解决问题的，所以给我们介绍或者反映的也大多是他

们在生产及管理方面面临的困难、问题，而我们还想了解的兵团人的生活、礼俗等方面，则因有家长里短之嫌较难进行。问卷调查的50人（户）中，男38人，占76%；女12人，占24%。年龄最小的30岁，最大的70岁，其中30~39岁的占57.1%，40~49岁的占18.4%，50~59岁的占8.2%，60岁以上的占16.3%。1人年龄不清。连队干部2人，党员10人，团员1人，其余为普通职工或家属或包地者。调查对象均为汉族（全连少数民族仅1人，哈萨克族代牧放羊），由于调查对象的文化程度一般较高，也没有语言障碍，问卷调查中的一部分为自填，一部分为调查员与访谈对象一对一的问答（见图1-12）。

图1-12　填问卷（摄于2007年10月25日）

　　农二连，1962年10月为十三团农二连，又称1402民兵连。1964年改为十三团六连，1965年改为农六连，1969年开始称为六十一团农二连（六十一团还有一个园林二连，以园林业为主）。农二连驻阿力玛里村，位于六十一团团部西，距团部不到10公里。南与农三连、农六连土地相连，西面与农一连土地相连。这是阿力玛里古城所在地。古城也是吸引我们最终确定二连为调查点的原因之一。当然，目前除了阿力玛里地名，地表上早已看不到任何古城遗迹。

近几年，二连赢得了一些荣誉，也得到了不少机会。2001年，农二连与农五连同被列为六十一团的首批建设小康连队，团里投资进行基础设施建设；2002年被兵团命名为建设小康连队。2003年、2004年、2005年农二连党支部连续被团、师命名为"五好"连队党支部，2005年被兵团授予"五好"连队党支部，2006年被师党委评为"先进基层党组织"称号（见图1-13）。2006年六十一团启动了新型连队标准化建设工程，在小康连队二连、七连、九连率先实施以"四个全部、三个一"为主要内容的新型连队标准化建设工程，即连队内部道路全部硬化，道路两侧全部绿化，路边围墙全部砌直，垃圾全部有人清运；建好一个标准化卫生室、一个职工文化活动中心和一个标准化公厕。同时，团场推进农业机械化达标力度，年均达标3~5个连队，将一连、二连、十连定为2006年首批农机建设达标单位①。2006年，团工会筹资2万元为农二连、农九连建起硬化篮球场。可见，二连各方面工作在全团15个基层连队中处于较前的位置。

二连以农林生产为主。据2005年团计财科的统计，二连拥有种植面积9203亩，园林面积1033亩，庭院面积6.5亩。与六十一团其他14个基层连队相比较，二连的耕地及园林面积排在第3位，同时职工数量也较多（2004年职工

---

① 王作敏团长在六届三次职工代表大会暨"双先"表彰大会上的报告，2006年2月。

图 1-13　农二连荣誉陈列（摄于 2007 年 10 月 24 日）

数为 306 人，为 15 个基层连队最多）①，职均纯土地（包括种植及园林）32.4 亩，人均 13.3 亩。集体资产总额 2004 年为 108 万元，2006 年为 159 万元。农作物主要种植制种玉米、小麦、甜菜、番茄、高粱等农作物。2006 年首次大面积种植制种玉米 1650 亩，平均单产 418 公斤，甜菜、高粱、小麦、制种玉米等订单作物占总作物面积的 80%（见表 1-4）。全年实现社会总产值 1350 万元，职均纯收入 12800 元，比上年增长 10.2%；人均纯收入 8064 元，自营经济职均收入 2167 元（见表 1-5）②。畜牧业属于自营经济部分，数量较少，只有个别农户养殖，主要养殖绵羊、猪、牛。2006 年，连里属于养殖大户的有 6 家，其中有 2 家是养殖兼种植大户，2 家养殖兼机车大户。2006 年末全连牲畜存

---

① 六十一团计财科：《二零零五年度土地作物布局指导性计划表》。

② 关于产值、人均收入和职均收入的数字，在我们看到的汇报材料及团、连给我们提供的数字有几种。在此，我们用的是 2007 年 8 月的农二连党支部汇报材料中的数据。

栏 2610 只（头）（见表 1-6）。连里没有工业企业。连队职工自己开了几家商店，其中有 3 家副食品零售店，资金总额各有 2 万~3 万元，年营业额在 3 万元以下；1 家种子店；在团部开 1 家网吧、1 家饭馆。有 8 户从事运输业。连里有 5 辆出租车。

表 1-4 农二连土地资源及播种情况

单位：亩

项目 年份	耕地	果园	播种面积							
			小麦	玉米	油料*	打瓜	甜菜	高粱	黄豆	蓖麻
2001	—	—	1941	3918	1541	—	—	—	—	—
2005	7318	1762	2930	2463	2930	383	393	272	385	347
2006	7329	1791	2936	2307	2906	1066	356	79	313	40

　*油料含复播面积，主要是油葵。
　数据来源：农二连有关报表。

表 1-5　农二连人口及收入情况

项目 年份	户数 （户）	人口 （人）	职工数 （人）	人均纯收入 （元/年）	职均纯收入 （元/年）
1997	198	717	321	3908	7321
2006	219	767	337	8064	12800

　数据来源：1997 年数字来源于《六十一团志》，2006 年数据来自农二连有关报表。

表 1-6　农二连牲畜养殖情况

单位：头、只

项目 年份	年底存栏数					全年出售			
	总数	绵羊	牛	马	驴	猪	绵羊	牛	马	猪
2001	517	431	4	5	1	77	318	1	7	20
2005	2256	2143	58	—	1	40	1000	18	—	104
2006	2610	2409	29	17	1	154	1581	53		98

　数据来源：农二连有关报表。

2006 年 11 月，二连总户数 219 户，人口 767 人，职工 337 人，离退休人员 146 人，在职干部 7 人，党员 37 人，其中在职党员 17 名，退休党员 22 名①。有 8 户是外来打工的人。

农二连基本上是汉族人口，主要是来自湖北、江苏、上海、河南、四川等省市的复转军人、家属以及他们的第二代、第三代。老职工中以四川兵为主，其中还有参加过中印战争的。有一户哈萨克族职工，是连里专门安排放羊的。在我们问卷调查的 46 人中，新疆土生土长的 29 人，移居新疆的 17 人。移居新疆的人中，最早的是 1960 年，最晚的是 1995 年，其中 20 世纪 60 年代来的有 10 人，70 年代来的有 2 人，80 年代来的有 4 人，90 年代来的有 1 人。

作为小康连队，农二连营区（生活区）建设得很不错，住宅规划整齐，绝大多数都是砖混结构的带院落的平房住宅，每排 2 ~ 3 户。各户门前道路皆为硬化路面，路边林带种植风景树（白蜡树等）及花卉、高架路灯（见图 1 - 14）。连部位于营区中央，二层小楼，旁边有医务室、学前班，正面是大片草坪，为职工的休闲广场，场内有健身器材（见图 1 - 15）。农二连从 1999 年制定了连队营区建设规划图，严格按图统一安排职工建房，要求 1999 年后新建房或改建房必须为砖混结构。目前全连已建新房 141 户，占总户数的 90%。有线电视普及率 90%。我们去调查时，正值农忙之季，家家户户忙着收甜菜、晒玉米、冬小麦播种等。年轻人忙于生计，只有退休了的老人才有休闲时间，几个小商店是老人们打牌、搓麻将、聊天的去

---

① 《农二连党支部汇报材料》，2007 年 8 月。

处。连里的中小学学生都在团部上学,平日很少回家。到了周末,连部前漂亮的花园里出现了不少孩子的身影,增添了许多生气。

图 1-14 农二连道路(摄于 2007 年 10 月 26 日)

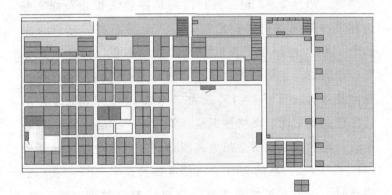

图 1-15 农二连社区图示

以下是两个二连职工对来团场后的自述。

退休老职工 L(70 岁,四川人):我是 1959 年入伍的,1962 年参加平叛,在西藏,立了三等功,参加过英模代表团。我一共立了 3 次三等功。1964 年 3 月我来到这里。当时是 13 团。一共来了 300 多人，直接从重庆转业过来。转业时，是中国人民解放军新疆生产建设兵团三大队工作队。本来是留乌鲁木齐的，上面说四川兵能打仗，就到了边境上。接我们的人说，这里无电灯、电话，楼上、楼下，实际上一片荒凉。我们是 3 月的晚上 12 点到这里，当时黑黑的看不见，住地窝子。第二天早上起来一看什么都没有。后来盖起了土房子，都是土打墙。开始我在水工队，（19）65 年就到这个连。

职工 V（男，40 多岁）：我的父亲是 1960 年随部队来到这里的，1972 年从四川老家把我和我弟及母亲三人接到六十一团，现在他们都已经退休了，回四川老家了。

第二章 土地承包

　　新疆生产建设兵团是在特定的环境下组织起来的，长期以来实行的是计划经济，直到 20 世纪末，计划经济的色彩、作风、痕迹都还很浓，还没有摆脱掉。当时"农场职工都还是种条田，大锅饭，还是一敲钟都上班，每年生产资料费用团场要拿，生活费用都得团场垫资"。"由于长期计划经济的劣性起作用，造成大锅饭越吃越懒，大锅饭越吃越穷，大锅饭越吃越傻。种地的不当家，当家的不种地，贷款的不花钱，花钱的不贷款。"这几年兵团在这些方面进行了大胆改革，"一开始按照现代企业制度建立企业的时候，遇到很多阻力。现在兵团上下妇孺皆知 1 + 3 和 1 + 8 配套改革，这样一改革，责权明确了，有责必有权，责任非常明确，权力也限制得非常清楚，干好干差有说法"①。如当时的兵团司令员张庆黎所说，兵团的计划经济时间很长，影响很深。兵团的管理体制与县市有明显不同。兵团基本经营制度是"土地承包经营、产权明晰到户、农资集中采供、产品订单收购"，这被视为兵团特殊体制机制的核心所在，也是我们在调查中所着力探究的。

---

① 《"两会"访谈嘉宾：新疆生产建设兵团司令员张庆黎》，新华网，2004 - 03 - 07 15:00:10。

28

第一节　土地承包政策

六十一团刚组建之时，耕地均是小面积零星种植，最大地块几百亩，最小的只有十几亩，农渠、田埂占地多，加上大大小小上百条自然沟，渠系不配套，水土流失严重，土地利用率有限。1963 年，通过大规模的开荒造田、土地连片、挖渠、平地大会战，团场的耕地面积扩大。1982 年，全团重新普查规划为农一连到农十连共 10 个轮作区，226 个条田，9.4 万亩土地。实行军事化管理模式，团里把生产计划下达到连队，连队安排人员，实行定额式管理，只管种植，不管盈亏，工资为等级制。职工们集体生产，吹号出工、收工，各部门分工协作。兵团的土地均属于国有土地。

1978 年后，团场实行党委领导下的场长、经理负责制，逐步开始推行各种形式的承包经营责任制。随着改革的深入，承包的单位也越来越小。先是推行班、组承包，采用定产量、定财务指标核死工资及费用标准，年底盈亏按"四、二、四"奖惩制度，即 40% 交团、20% 归职工、40% 留连。1982 年实行班组或个人承包。1985 年开始，兴办家庭农场，分田到户，包死基数，定额上缴，自负盈亏。团场垫付生产费用，产品由团统一管理。根据当时团里的文件（团发〔1984〕58 号），家庭农场的土地划分以户为单位，按劳动力划分，包括家属、待业青年，不包括学生和小孩，土地固定 15 年。单位留出10% 左右的机动地。财务包干指标从 1985 年元月起，团、连管理费、退休退职金、粮油倒挂、工资附加费、税金全部分到土地，谁种地就由谁上缴。

土地承包到户使家庭成为生产与分配单位，盈余归己，提高了生产者的积极性，也就提高了劳动生产效率，但承包到户难免使土地分散，并可能使承包者被长期固定在土地上，而且曾经由于农产品价格、缴费、劳动投入等多种原因，一些人对种地不感兴趣，团场也曾提倡承包大户。六十一团 2001 年的《经营管理规章制度》中就提出，对承包面积职均在 100 亩以上的给予一定的优惠政策：在保证产品上缴的条件下，单位可出面担保，给所种作物物化成本 30%～50% 的贷款；对职均租赁面积在 100 亩以上者减免当年本人应负担的义务工日。

近几年，由于农产品价格提高，减负又一再被强调，土地可预期的收益使种地的吸引力大增，人们希望增加承包地面积，有些人回来要地。即使兵团职均土地相对宽松，土地仍是紧缺资源，团场对于承包者占有土地数量进行限制，以保证职工及其子女都能获得承包地，并使土地长期固定。《新疆生产建设兵团关于深化团场改革的意见》（2004 年 11 月 19 日颁发，也即兵团著名的"1 + 3"文件①）指出：兵团的土地为国家所有，团场代表兵团、师行使所辖土地的管理权。团场落实土地长期固定政策，首先要保证职工及其子女获得土地长期固定使用权。团场、连队不能因为少数人承包土地过多，而使一些职工家庭无固定地或固定面积太少，职工家庭固定使用团场土地的最长期限为 30 年。在职工获得土地长期固定使用权的基础上，团场要根据上缴费用变化

---

① "1 + 3"文件是兵团党委、兵团为了进一步深化团场改革而出台的一组系列文件，主件是《中共新疆生产建设兵团委员会、新疆生产建设兵团关于深化团场改革的意见》，三个配套的附件是《关于进一步理顺团场分配关系的实施办法》、《关于加强团场财务管理工作的规定》、《关于扩大团场基层民主加强基层建设的实施办法》。

情况，与职工分期签订土地承包合同（一般 5 年），明确双方的权利和义务，使职工获得土地承包经营权。在确保职工家庭土地长期固定后，连队剩余的土地（含职工退休交回的土地），要优先长期固定发包给新增职工。在此前提下，可以让愿意多包土地的职工承包经营，也可以适度面向社会发包，期限 1~3 年，但这部分承包经营的土地不能长期固定，也不能流转其承包经营权。这些政策规定是目前团场土地承包的原则。

第二节　身份地与经营地

团场承包的土地被分为定额管理土地（简称定额地，也称身份地，即有职工身份的人才能有的地）和经营地（也称承包地）两类。身份地即职工固定使用的土地，其面积根据各团、连土地及职工数情况来定，只有在职的农业一线职工有权享有。在六十一团，每个职工承包身份地面积上限为 21.5 亩，或者果园 8 亩。职工承包的超出此面积的土地被称为经营地，所有非职工身份人承包的土地都被视做经营地。经营地的使用权没有职工身份限制。

身份地的确立，保证了职工包括其子女对土地的长期使用权，其与农村的 30 年不变的承包地性质相似。分期签订土地承包合同的目的主要是为调整上缴费用，即土地费数量。经营地类似于农村的机动地，土地的使用权不稳定，职工、非职工都可享用，可调性较大。身份地与经营地还有一个重要区别就是收费问题。在六十一团，除去身份地收费中含有的职工自身享有部分的社会保障费用（其标准为职工个人的档案工资相应比例）外，其他缴费数额是一样的，但这两年提到减轻兵团职工负担，身份地可以享受到减免政策，经营地则没有减免。所以，在身份地的数额、经营地所占比例方面，有些团场是有所考虑的。控制承包面积，留出一块经营地提高收费标准，以弥补团场收入。"已经发现有的师、团准备大幅度承包定额，压缩承包面积，扩大经营地面积。"兵团党委要求必须严格控制经营地的面积，尤其是不能通过压低这几年实际形成的承包定额制造出一块经营地。减轻职工负担使团场收入减少的部分由国家给予的弥补，兵团也将加大对团场的财力支持[①]。2006 年，农二连的管理定额面积占到承包地面积的 84.3%，减负金额达到 27 万元。根据农二连的规定，凡今后国家、团部有返钱等优惠政策，以定额地承包合同为准。

为了保证职工及其子女获得土地的使用权，六十一团采取措施对土地使用权进行控制，尽可能地保证在职职工都有一定数量的土地使用权。

2005 年，团里严禁连队为新增非职工人员划地。非职工人员种植的超出单位职均面积的土地，由团场统一收回，优先长期固定发给无地少地职工。对职工种植土地超出固定面积的部分，土地费将在同等水平上浮 15%，并要求年初一次性缴清承包费用[②]。

在《六十一团企业经营管理章程》（2007 年 3 月 20 日职代会和团企业经营管理委员会审议通过）中，要求职工退休（档案年龄男 60 岁、女 50 岁为退休年龄）后身份地

① 华士飞在兵团税费改革工作总结及安排今年土地承包工作电视电话会议上的讲话（2007 年 3 月 2 日）。
② 王作敏团长在六届二次职工代表大会暨"双先"表彰大会上的报告，2005 年 3 月。

可由符合条件的子女继承长期使用权。没有子女继承的退
休职工，必须把土地使用权交回团场；若不交，团场不办
理退休手续。2007 年以前退休的若不交土地，停发养老金。
在确保职工身份地面积长期固定后，连队剩余的土地，面
向社会发包，承包期限一年一定。土地承包经营权的流转
只能在身份地上进行，而且必须在团场职工或职工子女内
部进行，不得流转给外来人员或无户口人员。流转合同应
在连队和团国土资源管理部门同时备案。果园也必须转让
给本团职工或职工子女，不得转让给外来人员或无户口人
员，否则对连队主要领导和承包户各按转让金额的 50% 进
行处罚。团里也鼓励农林职工从有限土地中分离出来。农
机专业户、养殖规模达到 200 个标畜的养殖专业户，遵守团
场规定，从土地上分离出来的，免缴本人 2007 年应承担的
5 项保险、3 项费用（不包括个人缴纳的 11%）。

　　另一个重要措施就是对经营地面积过大的承包户提高
土地费收费标准，以迫使承包者退出经营地。按照规定，
职工经营地按照定额面积（耕地 21.5 亩、果园 8 亩）计
算，超面积 1 倍以内（含 1 倍）收费标准在 2006 年收费的
基础上不变；1～2 倍（含 2 倍）的上浮 10%；2～3 倍（含
3 倍）的上浮 30%；3～4 倍（含 4 倍）的上浮 60%；4 倍
以上上浮 80%。对非职工人员，要求种植面积不得超出职
工定额面积。农二连规定，非职工承包者的收费标准更高。
本连职工子女的非职工人员，承包 21.5 亩的土地费在 2006
年收费的基础上上浮 10%；不是本连职工子女的非职工人
员，上浮 15%。这两种情况超面积 1 倍以内（含 1 倍），土
地费上浮 30%；1～2 倍（含 2 倍）的上浮 60%。

　　2006 年，农二连农牧一线承包职工人数 321 人（189

户），承包面积 8599 亩，其中种植业 6764.4 亩，园林业 1834.5 亩①。按照每个职工身份地面积为 21.5 亩或者果园 8 亩的标准，农二连的身份地面积分别为种植业 6901.5 亩，园林业 2568 亩，分别占到其所有承包地的 94.1%、48.2%，园林业中半数以上的地为经营地，超出身份地标准较多。职工承包的经营地中耕地为 399.6 亩，园林地为 950.9 亩，户均经营地耕地和果园分别为 2.1 亩和 5 亩。

2006 年统计，在身份地的承包者中，有 79 户只有耕地，有 63 户只有果园，还有 47 户既有耕地又有果园。绝大部分职工家庭在身份地之外都有经营地，其中耕地的面积相对更宽裕，超出定额标准 50 亩以上的就有 11 户，最多的有 1 户，超出 111 亩，另有 1 户超出 92.5 亩。园林地超出定额标准 20 亩以上的有 6 户。有 1 户与定额标准持平。有 13 户固定地面积不够，占到职工家庭的 6.9%。由于一般情况下占有土地数量与家庭收益水平成正比，这些身份地面积不足者，多为仅有耕地或仅有果园，生活水平普遍相对较低（见表 2 - 1）。

表 2 - 1　2006 年农二连职工的承包身份地与定额标准比较情况

	种植业（亩）	户数（户）	园林业（亩）	户数（户）
超出定额标准	10 亩 * 以下	54	5 亩以下	38
	10 ~ 20 亩	17	5 ~ 10 亩	17
	20 ~ 30 亩	22	10 ~ 15 亩	41
	30 ~ 40 亩	7	15 ~ 20 亩	12
	40 ~ 50 亩	7	20 ~ 25 亩	4
	50 ~ 60 亩	5	25 ~ 30 亩	2
	60 ~ 70 亩	3	30 ~ 35 亩	—
	70 亩以上	3		
	合　计	118	合　计	114

① 该数值来源于农二连《2006 年税费改革资金兑现表》。

续表 2 - 1

	种植业（亩）	户数（户）	园林业（亩）	户数（户）
不足定额标准	5 亩以下	2	5 亩以下	3
	5 ~ 10 亩	4	5 ~ 10 亩	3
	10 ~ 15 亩	—	10 ~ 15 亩	—
	15 ~ 20 亩	1	15 ~ 20 亩	—
	合 计	7	合 计	6
与定额标准持平	21.5 亩	1	8 亩	

* 不含 10 亩，下栏不含 20 亩，以下类推。

数据来源：农二连的《2006 年税费改革资金兑现表》。

　　在农二连《2007 年财务计划汇总及土地费分解明细表》中，反映出 2007 年农二连承包土地的情况。全连有农户 213 户，其中职工户 189 户，承包了身份地（包括大田和果园）7269 亩，经营地 1643 亩。平均每户的身份地面积 38.5 亩，经营地面积 8.7 亩。经对数据进行重新调整后①，职工拥有身份地 5019.6 亩，平均每户职工 26.6 亩；承包经营地 3915.3 亩，平均每户 18 亩。也就是说，职工户平均承包土地 44.6 亩，其中经营地占到 40%，所占份额颇大。23 户是非职工户（其身份为笔者自己判断，因为这些人没有档案工资，也不缴纳五项保险统筹与三项费用），承包了 512.6 亩地，这全被视为经营地，平均每户 22.29 亩。承包土地最多的一户，有身份地 107.5 亩，经营地 132.5 亩，家中有 5 个职工。

　　在我们的问卷调查中，有 36 人填写自己家庭承包的

---

　　① 在我们看到的农二连《2007 年财务计划汇总及土地费分解明细表》中，对于身份地及经营地的总数以及上缴款总数等计算有误，这里的数据是根据分户数据重新调整后的数据。

土地数，平均每户 53.3 亩，其中最少的只有 10 亩，最多的 132 亩。其中有 32 户的 1588 亩属于身份地，户均 49.6 亩[①]。

在二连，因为承包的土地超出倍数多而被罚的人数极少。虽然有几户耕种土地上百亩，家里职工多，或以各种名义代种亲属等的耕地，本身定额地面积就大。但新增的非职工人员获得土地使用权是很困难的。一位职工自述种了 100 多亩地，属于自己的只有 40 亩地，其他地是亲戚的，由他暂时代种。如果亲戚回来，就要把地还给他们。对于果园还有一种形式，即一次性缴纳 5 万元，购买一份果园（8 亩）30 年的使用期，以后每年缴纳 175 元。

在对干部、职工的访谈中，可以看出土地的重要性。

二连干部座谈会：全团有土地面积共 198 万亩，耕地中有水田 8.4 万亩，旱田 6 万亩，还有森林、草场等。(19) 79 年到 (19) 84 年班组承包，(19) 85 年分到个人，承包的水田就一直维持下来。根据地形、坡度、水系等规划，1 个条田 1000 多亩，最小的条田也有 350 多亩，用大马力农业机械作业。二连是个大连队，（有）9000 亩地，园林 2000 亩，耕地 7000 亩。人均耕地，(19) 85 年承包时是 22 亩，现在 21.5 亩，减少了 0.5 亩地，因为人口变动。人均是按职工人数算的。一般高中、初中毕业后，父母退休，有生产对象才行，年龄在 35 岁以下的，可以申请为职工。连里有 300 多个职工，767 口人。要稳定职工队伍，就都要有地种。今年（2007 年）给 6 个人

---

① 这几个数值较报表调整后的数字低。因为调查对象中耕地承包者数量较多，果园承包者较少，而果园的定额面积远少于耕地的定额面积，故调查的户均土地面积较高。

划了地，没有承包地，分了身份地。

全连平均，一个职工 28 亩地，一户 50 亩地。97%~98% 都要承包地，一两户只有身份地。2006 年后开始，身份地比承包地收费下降 12.5%。身份地够了，可以承包多的地，这是以前承包的延续。多的就要增加费用，1~2 倍，上浮 10%；2~3 倍，上浮 30%；3~4 倍，（上浮）60%，3 倍以上基本没有。连里职工 28 人没地，全团有 433 人没地。2000 年前，种地没有经营收入好，弃地的多，在外打工、经营。这 28 人都是自己甩掉地，各种年龄段的人都有。当时连里动员大户种地，现在不好拿掉，只能增加费用，希望把地拿出来。种地最多的，92 亩，是种田大户，两口子都是职工，38~39 岁。今年（2007 年）全种的制种玉米。有要地的人，现在就存在这样的情况。特别是去年（2006 年），传说身份地不要钱，都来找，现在看，油水不大（降幅少），要的少了。要地由连里协调，有的私下协商。退休的要把地交给连队，这就拉平了。有两户在这里包地，刘（某）包了 30 多亩，何（某）包了 10 亩果园地。他们是（19）90 年代从四川来的。近几年种地挣钱。

二连统计：（19）84、（19）85 年土地分到每户，一家有 25~26 亩地，有的有 100 多亩。当时人工特紧张，掰包谷可以（从秋收）干到 11 月份下雪时，突击剥皮，把玉米棒垛起来。有块地 200 亩，没有人种，都给别人种了。劳力强的家，联合起来干，劳力弱的就没人找。先分开的倒先富了。这里有一片石头地，原来是阿力玛里古城。有一户有 6 个儿子，娃娃小，没人结合，拿了 150 亩地，种包谷、麦子，第一年粮食缴公家后，剩下的留下，堆在房子中，那时只有 40%~50% 的白面，他们面粉吃了几年。当时（19）85年承包，完成任务就可以随便卖（农产品），逐渐过好了。

现在种地大户过得好。连里100亩地以上的有4户，这是历史原因造成的。有个人1995年回来，以前在开班车，那时地没有人种，他愿意买地种，当年缴清了土地费。种地大户（年）纯收入可以达到4万~5万（元），含果园的可以达7万元。承包地多出2~3倍的，要多收费30%。职工本身有地21.5亩，43亩是1倍，再加上21.5亩，为2倍，一家两个职工，100多亩的大户都可以有职工顶上，没有超过2倍的。现在农产品价格好，大家都想种地。年轻人也有怨言，市场不好，产品不对路，价格不对路。还是看经营，经营好的人有。

一退休职工：连里有的人有地，有的人没地。一亩园十亩田，果园挣得多，有果园的人富。有的拿了几份果园，有的家没有。有的家3个职工只有3份地，有的家有100多亩地，还种果园。很穷的人也没有，没有吃不好、穿不上的。

第三节　两用地

还有一种土地形式——两用地。"两用地"即宅基地、自用地，这是兵团为发展职工的"庭院经济"，在土地承包到户时就采取的重要措施。按规定应划好地、近地，不能随承包地划在一起，并尽可能以院落形式规划安排。1984年六十一团规定原则上每户（以户口登记的户为准）2亩或3亩，农二连应为2亩①，当时团场给1884户职工划分了宅

① 团发［1984］58号文件。

基地、自留地，总面积达 5276 亩地。"3 + 2"文件中也强调师、团要按照"五必须"（必须划地、划好地、划近地、划水浇地、单独划地）的划地标准，给团场农业职工每户划够 1.5 ~ 2.5 亩"两用地"，长期固定，免收土地使用费。有条件的团场、连队可以给职工多划"两用地"。应尽可能把职工宅基地和自用地连在一起，让承包职工家庭充分发展庭院经济，解决好农业职工充分就业的问题。2007 年，六十一团规定，各农牧连队必须一次性划足 1.5 ~ 2.5 亩"两用地"，种植高效作物或特色养殖，不得撂荒，保证用水，免收水费。"两用地"可以自由种植，不缴土地费，设置的目的是为了提高职工生产效益，减轻职工负担，很受职工欢迎。

在二连，据上报的数据，2004 年两用地面积 276 亩，户均 2 亩（其中包含 7 分宅基地），在全团属较低水平。2006 年，应给 219 户职工划分自用地，已划分了 144 户，占 66%，面积 276 亩。二连营区内庭院面积较小，7 分地，种植作物有限，养殖也不可能。前几年划的两用地种了农作物，都有一些收入，后来由于没水，一些地就弃耕。职工 X 的两用地在 2005 年、2006 年都种了蓖麻，年收入 1000 多元。2007 年开始，农二连的"两用地"被收回。据《六十一团农二连企业经营管理办法》：根据农二连两用地实际使用情况，经连管会审议报团批准，两用地收回连队向外发包（优先无地职工），给每户承包土地（退休除外）的职工定额管理面积内减收 0.5 亩土地费，承包果园职工减收白地定额管理面积内 0.5 亩土地费。我们调查时所听到的针对两用地的意见也较多。

几名中青年男职工：两用地指的是 7 分的宅基地、6 分的用于发展庭院经济的土地，按上面文件的规定，应该给每户家庭 3 亩地，而且是水源充足的优等地，但实际上就给了 1.3 亩地，并且不是水源充足的优等地。到目前为止，共使用了 3 年。第一年的时候，部分家庭种了农作物，收获了 1000 元左右，因为不用给连队缴任何费用，所以收成比较高；第二年和第三年，连队没给水，就荒废了 2 年，没有种任何农作物，今年（2007 年）春天收回了土地，说是给职工 5 分地，划拨到职工所属的土地，不收取地皮费，也就是职工所属地中的 5 分地不用收取地皮费用。1.3 亩地就承包给连队其他的人种植了。

由于土地为紧缺资源，连队希望通过收回两用地来解决一些无地职工的土地问题，同时在事实上减少了职工的土地数。

第三章　生产过程与生产制度

第一节　农作物种植

  在六十一团，1978 年以前，种植业比重平均占工农业总值产值的 66.8%。种植业以小麦、玉米、豆类等粮食作物为主，占总播种面积的 90% 左右，其他经济作物只占 10%。近几十年，团场调整产业结构，粮食作物面积减少，市场所需的经济作物面积加大，大力发展林果产业和二、三产业，着力提高生产效益。2006 年，全团种植面积较大的分别为打瓜 3 万亩、玉米 2.5 万亩、小麦 1.2 万亩、黄豆 0.6 万亩、蓖麻 0.4 万亩、甜菜 0.3 万亩，还有果树 2.6 万亩。

  粮食作物一直是六十一团最主要的农作物品种。20 世纪60 ~ 70 年代，团场的农业生产主要为解决吃粮问题，粮食播种面积较大，主要种植小麦、玉米。1963 年，玉米播种面积为 3.48 万亩，1964 年，小麦的播种面积就达到 8.78 万亩，为历年播种面积最高峰。当时的单产量也很低，1964 年，小麦单产 40 公斤，玉米单产 192 公斤。广种薄收是这几年粮食种植的特点。随着粮食单产的逐渐提高，种植业在满足粮食基本需要后逐渐进行结构性调整。小麦种植面积逐步下降，2004年只有0.76万亩。国家实行粮食直补政策（2007年小麦差价补贴为0.2元/公斤，面积补贴为每亩补31元左右。2007年农二连小麦差价补贴13.65万元①）。粮食安全被提到国家安全的重要地位后，小麦的播种面积又有所上升，2006年达到1.22万亩。主要种植冬小麦，播种期一般是从9月25日开始后的一个月，最适宜的播种期是10月5～15日。收割时在次年的7月上旬。六十一团也在生产制种小麦。2006年，制种小麦基地已达2000亩。2007年，销售小麦种800余吨，占据了伊犁麦种市场的半壁江山②。

玉米作为"粗粮"，在粮食中的地位逐渐下降，至20世纪80年代中期，玉米主要用做牲畜饲料，很少被食用，种植面积大幅度下降，1985年全团只种0.39万亩，平均单产280公斤。1989年团场建成一座年产万吨的溶剂厂，以玉米为工业原料，玉米的种植面积得以猛增。1990年种3.13万亩，平均单产578公斤/亩。玉米吨粮田（亩产1000公斤）科技示范户不断出现。1992年团里生产的1.2万吨玉米首次出口哈萨克斯坦。以后随着溶剂厂严重亏损，改组为酒精厂后又获重生，玉米的种植也时少时多，1993年不到万亩，1996年增加到3.67万亩。2006年全团种植玉米1.2万亩。但现在所种的玉米主要是制种玉米。2002年六十一团开始试种制种玉米4000亩，由于技术和服务跟不上，平均单产130公斤/亩，很多职工不愿意种制种玉米。团场采取各种措施进行扶持，推广新技术，使制种玉米很快获

① 农二连《2007年小麦差价及补贴结算表》。
② 《农四师招商引资力度加大 团场工业崛起》，2007年8月10日《兵团日报》。引自天山网新闻中心＞＞兵团新闻。

得显著收益。2004 年制种玉米总产值达 580 万元，职工仅此纯收入达 170 万元。由于伊犁河谷气温适宜，土地肥沃，近年来，制种业也成为整个农四师种植业的支柱产业之一，年产值逾亿元。目前农四师已成为兵团乃至全国重要的农作物制种基地①。作为农四师制种玉米种植气候条件最好、种植面积最大的团场，六十一团对制种玉米的发展更为重视，2007 年将制种玉米种植面积扩大到 1.6 万亩。农二连 2006 年首次大面积种植制种玉米 1650 亩，平均单产 418 公斤/亩，2007 年面积进一步扩大，达 2713 亩。

甜菜，俗称糖萝卜，目前也是团场的重要农作物。1963 年甜菜在六十一团开始种植，开始规模不大，主要作为牲畜饲料，单产仅为 54.7 公斤/亩。20 世纪 70 年代后期，伊犁州糖厂建成投产，甜菜成为主要经济作物之一，随着企业对原料需求程度的变化，甜菜种植面积也在不断变化。1980 年全团种植甜菜 1.2 万亩，1997 年种植 0.6 万亩，2006 年种植 0.26 万亩。单产在不断提高，1980 年平均单产 1052 公斤/亩，1993 年增至 3452 公斤/亩。目前甜菜主要销往位于六十一团附近的、隶属农四师的伊力特绿华糖业有限责任公司。交甜菜时要削好、装车，运送到甜菜收购点，排队等候过秤。我们去调查时正值交售甜菜，由团部去农二连的路边就有一个大的甜菜收购点，一连几天，早晚都看见长长的车队等候在道路旁，有数十辆卡车、拖拉机等（见图 3-1）。

酱用番茄种植面积近两年上升很快。过去，由于当地

---

① 林祥明：《发展制种业　促进农工增收》，《中国种业》2006 年第 3 期。

图3-1　排队交售甜菜（摄于2007年10月24日）

没有番茄加工厂，番茄的种植量较小。2006年，农四师通过招商引资，新疆中基实业股份有限公司在六十四团、七十团兴建了两条现代化制酱生产线，使全师番茄种植面积迅速扩大到4万多亩，六十一团的番茄种植面积迅速增加。

打瓜的价值主要在于成熟瓜内籽粒饱满的可食用瓜子。六十一团大规模种植打瓜是从1982年开始，当年种植了8526亩，平均单产37公斤。1985年迅速增至3万多亩，次年降到2700亩，调整的速度非常快。2006年全团的打瓜种植量已达3万余亩。

20世纪60~70年代团场的油料作物主要有油菜、胡麻等。20世纪80年代末，油菜和胡麻因产量相对较低，经济效益较差，逐步被油葵取代。油葵主要是冬小麦收割后的复播作物（见表3-1）。由于可收两季，不用再次上缴土地费，油葵的收益完全归己，而且作为非订单产品，收获物可直接进入市场（见图3-2）。

表 3 - 1　六十一团的小麦、玉米等作物的种植面积

单位：万亩

面积 \ 年份	1965	1975	1985	1995	2005
总播种面积	12.31	9.81	8.15	7.53	6.79
其中：小麦	8.17	4.63	2.83	1.36	1.18
玉米	2.7	2.6	0.39	3.5	1.89
甜菜	—	0.001	0.4*	0.65	0.51
打瓜	—	—	3.36	0.26	0.62
果园面积	—	—	—	1.49**	2.33

＊为 1986 年的数字；＊＊为 1996 年的数字。

数据来源：1997 年以前的数据来自《六十一团志》，2005 年的数据为团里提供。

图 3 - 2　待收获的油葵（摄于 2007 年 10 月 25 日）

在六十一团，小麦、制种玉米、甜菜、高粱、番茄为订单作物，这些作物均为亩产值在 800 元以上的高效作物，是团场调优种植业结构、重点发展、规模化经营的作物，每年有指导性种植计划，要求必须完成一定的播种面积，产品必须以实物形式缴到团里。黄豆、油葵、打瓜、常规

45

玉米，蓖麻等被称为小杂作物，不属于订单产品，产品可以直接进入市场。

小麦、制种玉米、打瓜、甜菜、油葵（复播）也是这几年农二连的主要农作物，2006年分别占全连种植面积的40%、31.5%、14.5%、4.9%、39.7%，其他作物种的较少，有黄豆（占种植面积的4.3%）、高粱（1.1%）、蓖麻（0.5%）。甜菜、高粱、小麦、制种玉米等订单作物占总作物面积的80%。在农二连2007年农作物布局表中只有4种作物：小麦、制种玉米、甜菜、西红柿，所列的139户农户中，有98户只种1种作物，36户种了2种作物，5户种了3种作物，一户每种作物至少在20亩以上。2007年，小杂作物的市场收购价格较高，种植者普遍获益。类似这样的情况，如何保证订单农业的进行，保证订单农业的规模种植？团、连有着一套严格的管理制度，其目的当然主要是保证土地承包者能够有稳定的收益。

第二节　统一种植到订单农业

团场的耕地都是大面积的条田，一个条田上百上千亩，成片的统一种植一种作物品种，有利于机械化生产、灌溉水的有效利用、作物品种的纯正等。团场长时期实行半军事化的计划经济管理，也使统一种植能够有效实施。但土地承包到户后，各户对土地有了经营权，统一种植也变得不易了。1997年六十一团《关于深化改革，加强管理完善承包经营责任制的若干规定》中就提到：近几年，由于管理失调，政策规定不到位，全团农业种植"花花田"现象越来越严重，以致造成水肥流失，科技投入量低，机耕作业困难，良种、新技术应用难以推广。因此，团党委决定，把消灭"花花田"推行规模集约型种植经营确定为一项考核指标，实行单位年终评比"一票否决权"。具体规定，以条田为单位，统一制定种植计划，一种农作物的种植面积，不能少于200亩。单位统一购买、使用良种，统一播种和实施机耕。1997年团里下达的农业生产计划，是指令性任务，要求各单位保证播种面积，未完成产量就要罚款：小麦0.3元/公斤，玉米0.5元/公斤……打瓜按市场价加倍罚款。自由种植的农产品，全部列入上缴计划，价格随行就市①。

2001年，团里对连实行保六放四的种植计划，即60%的面积由团安排合同订购，实行订单农业；40%的面积进行指导性种植②。

订单农业，是由农户与企业或经济组织年初定交售产品种类、产量、质量、价格等内容的合同，收获后按合同农户将产品统一交售给合同企业或经济组织，后者按合同给农户兑现。这被认为是保障农业生产向产业化、规模化发展的重要手段，通过订单农业，企业与农户建立了合作的利益关系，即所谓的"公司＋农户"的模式，由此降低市场风险，成为农民与市场对接的一种有效的对接形式。兵团有发展订单农业的良好基础，其机械化、规模化生产，计划经济模式，令行禁止的管理效率等都使订单农业可以有效实施。兵团规定：凡可以由师团或龙头企业实行订单收购的农产品，都应按照权利和义务相统一的原则与承包

① 《六十一团志》，第508～514页。
② 朱谊星在五届三次职代会上的报告，2001年3月。

职工签订产品收购订单①。对订单农业，要求新并做好统一服务。对订单产品，要按照合同约定和栽培模式的要求，围绕承包职工家庭的生产经营需要，做好产前、产中和产后社会化服务②。订单农业也成为兵团调整产业结构的一种有效方式，通过订单农业、指导性种植计划以及配套的奖惩制度对团场的种植品种进行引导、管理。

2007年团场规定小麦、制种玉米、甜菜、高粱、番茄为订单农业，对订单产品，年初由团销售服务中心和承包户签订订单合同。职工种植订单作物可享受小额贷款50%的利息补贴（即50%的利息由团承担）、最低生活保障（符合条件的）、个人养老金年内垫付、临时补助、提供晒场等优惠政策。要求承包户必须按团、连两级指导性计划作物种植农作物。如果不按计划执行，会有一系列的惩罚措施。在管理章程中规定，对自由种植（不种植订单作物）的土地，不论是定额地还是经营地，收费标准上浮30%。不种植订单作物实行自由种植的承包户，年初要一次性缴清一切费用，年内一切生产费用自理。水费在团规定收费的基础上加收2倍（每立方米0.06元）。不种植订单作物有意延误农时，连队有权取消经营资格，发包给其他职工③。

2006年六十一团订单农业（小麦、制种玉米、甜菜、高粱）的面积占全团大田种植面积的37%，多数耕地种植的不是订单产品。但农二连订单产品的播种量很大，占到大田面积的77.5%。在我们的问卷调查中，36户共承包土

① 《兵团党委、兵团关于进一步完善"1+3"文件若干政策的补充意见》，2006年6月15日。
② 《新疆生产建设兵团关于深化团场改革的意见》，2004年11月19日。
③ 《六十一团企业经营管理章程》。

地1919亩，2006年种植了964亩小麦、503亩玉米、171亩甜菜、131亩打瓜、108亩果树、64亩黄豆，除果树外，大田的订单作物占到种植面积的85.4%。属于非订单的自由种植产品较少。2007年全连大田作物中属于订单产品的占88.6%。

职工们也知道统一种植的必要性，认为现在已经比前些年好些了，自由种植的作物多了，如退休职工L所言：职工的五六十亩地，种一种作物可以，小面积种不行，机耕、浇水不方便。不可能想种什么就种什么，现在是指令性的计划，必须要种。现在可以到外面交售了，黄豆、蓖麻等，苹果可以随意交了，以前只能定点交。

如果不按要求种植，就会有处罚措施，比如犁掉刚出苗的作物，或者对此增加收费数。职工B就说：种地是计划性的，要求种啥必须种，不行就犁掉，罚款。一亩地可以收到1000元，就可得300元，不到这个价就不让种。种麦子达不到，可以复播。今年（2007年）种打瓜、蓖麻、黄豆，都挣钱了。种这些一亩地要多交钱。这几年连里都有这样的事，增加20%，地皮费缴到210元。

以下是2005年3月农二连两次议事会会议记录，会议讨论的主要内容就是如何按照下达的甜菜种植计划给职工分配下去。

● 2005年3月5日，支委、班长会议。

会议内容：

(1) 关于甜菜种植中的主要问题。农二连甜菜种植面积是1500亩，任务是死的，必须完成，今天叫大家来呢，主要是集思广益，大家来出谋划策，完成任务。

（2）常规玉米在六十一团将逐步退出种植计划中，甜菜、制种玉米将取代常规玉米。

（3）甜菜种植中，将享受一些优惠政策。土地费优惠10%，租赁（优惠）6%。

问题：

（1）二连种甜菜容易死，运费太高，菜农一旦发生病虫害，将承受不起经济负担。历史原因造成。

（2）人工问题，担心装车人工不好找。

（3）水的问题。

（4）如果亏了以后，怎么办？

主持会议的连长宣读干部会议内容，让参加会议的人员评定与审核。

全体参会人员都同意干部会议（确）定的各项措施。

● 2005年3月6日，干部会议。

参加人员：全体干部。

会议内容：

1. 连长传达团关于甜菜种植精神，现有白地面积，关于种甜菜的几个方案：

（1）按比例种植；

（2）欠款户种植面积放大，非职工的面积放大；

（3）外单位种植户面积大；

（4）超出职均面积放大。

2. 明年（2006年）的甜菜面积将更大，而且存在连片的问题。

3. 职均面积40%，欠款户50%，外单位50%，超出面积（加）5%，黑户50%。

4. 优惠政策：

（1）土地费优惠10%，租赁优惠6%；

（2）种子、肥料垫付；

（3）连队在农闲工中给予优惠。

5. 保证措施：

（1）如不种植，土地费在原基础上增长30%；

（2）如不种植，土地将承包给愿种植的承包户；

（3）退休人员的土地必须交给连队，不交连队不办理退休；

（4）种小杂作物，必须在保证甜菜面积的基础上。

职工之间互相协调。

6. 薄膜甜菜：大力推广种植薄膜甜菜。

7. 私翻甜菜采取措施：在不（补）种甜菜的基础上，土地费以外，再加20元。

8. 技术服务：团、连两级为甜菜种植户随时、免费服务，并且有农学院的专家指导、服务。

9. 营区内的卫生，等雪化完后，全面清理营区内的卫生。

10. 主道路上的两条渠道彻底清理干净。

讨论的结果，即使大面积种植甜菜对于二连有些不利因素，也要通过采取奖罚措施、对不同人群按有差别的政策把甜菜任务分配下去，同时还预先提供保障措施。总之，几乎是强制性地必须完成任务。

这里还有一段2007年3月30日二连的民主议事会（职管会）会议记录，会议讨论如何完成团下达的种植任务。会议内容：关于连队种植团下达的订单作物及五统一作物布局：制种（玉米）2700亩，甜菜1800亩，西红柿500亩，小麦2000亩。会议采取大家意见：（1）按比例种植；

（2）职工、非职工种植土地的原则和规定。会议通过：（1）条田按比例种植订单作物；（2）连队门前的条田种植西红柿；（3）其他按正常规定种植。

为了管理方便，尤其是对于生长环境要求较高的作物，如制种玉米，要求大面积成片种植，保证种子合格，因此，种植哪一种订单作物，并不是自己选择的结果，而要看种植布局的规划。当年有的作物收益高，有的作物收益低，甚至同一种作物有的品种收益高，有的品种收益低。2007年二连的制种玉米就有两种品种，职工 X 的制种玉米每亩收了 480 公斤（高的还可以达到 500 公斤），职工 M 的制种玉米每亩收 260 公斤（该品种的产量最低 180 公斤，最高到350 公斤），收购价都是每公斤 2.4 元。当然在播种的时候职工们、技术人员以及企业都没有想到会是这样的结果。根据分配的品种不同，职工的收益水平相差很大，亏损的补偿也是有限的。

二连干部：糖萝卜、番茄、小麦、高粱等订单，今年（2007 年，下同）有弊端，副产品涨价，订单不涨价，订单作物都是劳动密集型产业，今年人工又贵。农村小杂作物，上浮特别厉害，打瓜子 8 元多，黄豆、油葵 3.7～3.8 元。团里在为增加职工收入做文章，搞订单作物，没有市场风险，销售不用担心，销路不用愁。调整产业结构，多种小麦、制种玉米、甜菜、番茄。种制种玉米，是与两家排在全国制种公司前列的大制种公司定的合同；公司的技术员长年在此，从播种到收获到销售，全程化服务；今年连里种了 3000 亩，有两个品种：一个产量高，一个产量低。产量低的团里要补钱。制种玉米至少亩产要 350 公斤才能挣钱，成本近 700 元，要收到 900 元以上的价格才有效益。

农二连职工 M：连里要求我种 45 亩麦子，必须种。要种别的可能多挣 30%，（麦子）一亩地种好了就挣 100 元。我种的 100 多亩地，一半种订单，一半不种订单，拉平。老百姓能有什么想法?!

第三节　产品订单收购

订单产品要求实物抵缴，因此产品的价格关系到职工的切身利益。兵团领导就要求："合理确定产品合同约定价，是签好承包合同的一个要害问题"，"合同约定价的制定必须尊重价值规律"①。在六十一团，对订单农产品，团场根据前几年市场价格实行定价收购。2007 年订单产品中，小麦价格每公斤 1.2 元（不包括国家补贴），甜菜价格每公斤 0.24 元，高粱每公斤 1.15 元，番茄 0.25 元。团场与承包户风险共担。产品上市后，如市场价格高于订单价格，差价部分团场与承包户按 4:6 的比例共享利益；如市场价格低于订单价格，差价部分团场与承包户按 6:4 的比例共担风险。如果有偷卖、倒卖订单产品的承包户，要对单位领导、承包户、拉运车辆分别给予罚款，对承包户收回承包土地。是正式职工的，要提交职工代表大会和企业经营管理委员会表决通过后，由团依法解除劳动合同②。处罚是相当严厉的。

关于统一收购产品的问题，长期以来也是兵团职工关注的焦点问题之一。

---

① 兵团司令员华士飞在兵团税费改革工作总结及安排今年土地承包工作电视电话会议上的讲话（2007 年 3 月 2 日）。

② 参见《六十一团企业经营管理章程》。

1997 年六十一团《财务管理规定》明确要求，要强化农副产品回收工作。产品由团统一收购。小麦、玉米、高粱、甜菜、油料由供销科收购，打瓜、黄豆、蓖麻和各种畜产品由收购站经营。要求职工 100% 缴产品，杜绝产品流失。2001 年的经营管理规章制度也规定：家庭农场实物定额上缴承包，在保证规定作物上缴量的基础上应保证完成指令性和合同定购作物产量指标。对未完成部分，按产品收购和合同管理进行处罚。到退休年龄的职工如有欠款未还，若近几年产品按规定上缴的，与连队签订还款合同后可退休。

2001 年的经营管理规章制度：小麦、玉米为指令性计划，其他作物属指导性计划，产品价格随行就市，实行合同定购价。对指导性计划作物，供销科（收购站）应做好服务，预先与各单位签订购货合同，减少职工的经营风险。对指令性计划产品一律由团供销科统一收购，严格执行团下达的指标。团供销部门与各单位签订定购合同。指导性计划产品，年初执行先交钱后种地的可例外（自行出售）。自由种植的农产品全部列入计划价格随行就市。

由于团场年初定的产品价格，与收获上缴农产品时的市场价格时常会出现差值，出现市场价格较高、团场收购价格较低的现象。而且收购时对于产品的等级、水分、杂质等都会有严格的规定，有些人就想方设法把农产品拉到市场上自己出售，团场也就"围追堵截"，制止私售行为，形成团场管理者与部分职工的博弈。在我们的调查中，也多次遇到职工反映订单产品的价格问题，职工也不知团场买卖价格之差是多少，也没有见到利益均分的兑现。农二连干部自己也说不清楚团里订单产品企业的收购价格。

"1+3"文件中明确指出，严禁团场在收购承包职工家庭的订单产品时随意压级压价和违反有关规定乱扣水杂费。华士飞司令员对这个问题的阐述很中肯：团场有两个经营主体，是双层经营，对大宗产品的管理是必要的。职工的利益主要通过增产实现，通过自营经济实现。团场的利益主要体现在大宗农产品的加工和经营上，以此增值，增值部分可与职工分成，主要成为团场的利润。在目前没有以工补农的情况下，如果团场没有这一块经营利润，团场包括机关是无法运转的。但合同约定的价格不能背离价值，否则在产品收获季节势必如临大敌，影响和谐。价格的形成是两个经营主体充分协商的结果，不能团场一个经营主体说了算，必须充分协商。团场与职工两个经营主体关系更协调①。可见，统一收购对团场之所以必须，是因为在以农为主的团场，需要依赖对大宗农产品的经营、加工的利润来维持机构的正常运转。而订单农业对职工的好处也是不言而喻的，即减少了农产品的价格风险，只是由于这两年农产品涨价幅度较大，职工明显感到自己的利润在减少，不满情绪有所提高。

团场开展订单服务的另一个风险是，统一收购依赖于统一种植，订单农业必须达到一定的播种面积，而订单产品能否赢利，或能否多赢利，关系到职工是否愿意听从安排统一种植一个品种。种与不种，往往不是职工个人能决定的，而要服从统一计划。一旦生产受到影响，他们将自己的怨气就会向生产的组织者、管理者发泄。因此，兵团

---

① 华士飞同志在兵团税费改革工作总结及安排今年土地承包工作电视电话会议上的讲话（2007年3月2日）。

也表示，要积极创造条件，由目前承包职工家庭直接与团场或龙头企业签订订单，逐步过渡到由专业合作经济组织、行业协会代表承包职工家庭与团场或龙头企业签订订单①。

六十一团发改科齐主任：订单种植，有合同，风险小。这几年自由种好，小杂作物价格高。前几年自由种植的，也有挂账，赔了不能上缴。制种玉米，收购与销售中间是有差异，中间的费用不可能全部给职工。团里收玉米后要烘干，让水分达到要求，中间的生产费用、人工工资，以及加工后的玉米重量会缩水，这些都使销售中间存在价格差。番茄、甜菜不存在这类问题，直接交到收购站，公开，面对面。团里就是服务环节，帮助兑现，结账。签合同的企业也不是100%的付款，也有一个生产、销售过程，所以返钱的过程较慢。实际职工都知道生产过程。职工的心态不考虑转卖，要现钱。

按团里的规定，对一次性缴清所有费用的订单产品，团里将积极筹备资金在10日内给承包户兑现。但许多职工并不能一次性缴清所有费用，而他们在交售订单产品到团里后，并不能及时拿到兑现的款项（我们调查时农二连职工M的西红柿已经上缴2个月了仍没有拿到钱），这也使职工们意见较多，尤其是在需要还贷款、利息每天都在增加的时候。团里齐主任解释是，团场需要一个对产品加工的过程，而企业也有资金流转的过程。

农二连职工家属W：现在职工的负担非常重。一是种

---

① 《新疆生产建设兵团关于深化团场改革的意见》，2004年11月19日。

子、化肥等生产资料都涨价了，而农产品价格却是年初就定好了的，比起现在的价格，低了很多。说是订单农业，吃亏的都是团场职工。市场上农产品价格上涨了，团里还是按照订单上的兑现，不给我们补差价，我们还必须把东西卖给团里才行。每年都是我们把东西交给团里，团里却不及时兑现，年初我们向银行贷的款却要每天算利息，直到钱发到我们手中为止。

2005 年起团场全面实施林果战略，按照规模化种植、标准化管理、工厂化加工和统一管理、统一植保、统一质量、统一品牌、统一销售的"三化五统一"生产经营模式，实施阿力玛里林果精品战略。农二连的苹果等直接走向市场，自行销售。

第四节　科学种田

兵团极为重视农业生产技术的提高与规范，新技术会很快被推广应用。在六十一团，20 世纪 80 年代中期后，冬小麦的施肥开始 10% 做种肥，60% 在犁地前撒施翻入土壤中，30% 翌年开春后机力追肥。20 世纪 90 年代，开始全面使用玉米种衣剂拌种。种衣剂中含有杀菌剂、杀虫剂及一定量的微量元素，提高了种子的出苗率。并推广在玉米幼苗地中以紫光灯诱杀地老虎取代糖浆做诱饵的方法。1986 ~ 1996 年，团场平均每三年引进、更新一个小麦品种。农作物都合理轮作倒茬，如玉米一般连作不超过 2 年，甜菜地一般 4 ~ 6 年轮作一次。

目前在兵团被广泛使用的农业技术被称为"种植业十大主体技术"、"精准农业六项技术"。种植业十大主体技术在 2003 年即得到基本普及，具体包括：①良种良法；②模式化栽培；③地膜覆盖；④节水灌溉；⑤培肥地力；⑥综合植保；⑦科学施肥；⑧标准化条田建设；⑨土壤深松；⑩人工影响天气。精准农业六项技术包括：①精准施肥技术（根据土壤养分施肥）；②精准种子工程技术（筛选适宜品种，进行良种繁育）；③精准播种技术（主要采用点播技术）；④精准灌溉技术（滴灌与随水施肥技术结合的水肥高效利用技术）；⑤精准收获技术（重点解决棉花收获机械化）；⑥田间作物动态监测技术（对农田气象、土壤水分、植株生长发育动态和灾情等进行监测）。这些技术在六十一团也得到了广泛的应用。

团场有农业技术推广中心，有总农艺师负责全团农业生产技术问题。每连设有农业技术人员，有的订单产品，如制种玉米，还有企业的技术人员提供生产技术服务。但调查中，职工们也反映一些农技人员实践经验有限，指导不当或不能有效指导，如 2007 年西红柿生长期间病虫害严重，技术人员应对无措，大量地喷洒农药效果不明显，产量下降，品质也受到影响。还有人认为对有些大面积种植的品种是否适合当地的气候与土壤缺少实验性种植，或技术尚不成熟。当然，职工们的意见大多来源于个人的生产实践，并不一定对团、连的管理及生产技术方面的信息有准确的了解。

农二连职工 M：订单农业好，技术服务跟不上。技术员在场，我们按技术要求做，评比是优，但没有成效。酱用番茄，前面广播通知：什么药可以打，什么不可以打。我们按要求打药，说打两遍（就可以），打了五六遍，虫害无法控制。技术人员束手无策，说是天灾，或是药量不够、假药。兵团的地都是连片的,一下100亩,我们的收入都在这里。我今年(2007年)勉强保个本,有些人一亩收2吨多的自己还要贴钱。

表3-2 2007年各农作物保险金额、费率

类 别	名 称	保额/理赔金额 (元)	费率 (%)	亩保费/保险费 (元)
粮食类	小麦、(制种)玉米	176	7.5	13.2
	高 粱	176	7.5	13.2
经济类	甜菜、打瓜	167	9	15
	地膜打瓜	197	9	18
	蓖 麻	167	9	15
油料类	油 葵	120	10	12
	豆 类	120	10	12
其 他	制种作物	205	10	20.5

注:本表抄录于二连连部墙上公示牌。

科学技术服务只能提高农业生产率,并不能避免农作物因天灾人祸收益受到影响,农作物保险在兵团被普遍提倡。农业保险费,根据作物的不同有所区别,如2007年,小麦、常规玉米、高粱等粮作物每亩保险费13.2元,制种玉米为20.5元。保费越高,理赔金额越高,最高的制种作物,每亩赔205元。2007年农二连有214户缴纳保险费,共缴纳11.94万元。有些职工认为农作物受灾后赔付不及时。

第五节 机械化生产

兵团农场从开始组建之时,就很重视农业机械化的发

展。六十一团建团之初就设有农业机械专业队即机耕队，1964 年农业连队实行机农合一，各连成立了机务排，负责全连农机的保养、维修、耕作任务。1985 年，六十一团的农业机械变卖给私人。此后大型农业机械增长速度缓慢，设备老化，小型机械增长较快。1990 年团场采取优惠政策，实行贴息贷款办法，鼓励私营农机人员购置新型农机具。农业机械数量迅速增加。1997 年，农二连有大中型拖拉机 9 台，小型拖拉机 3 台，联合收割机 1 台，机动脱粒机 2 台，农用载重汽车 1 台，农用运输车 1 辆。2005 年，农二连有链式拖拉机 2 台，铁牛 55（大马力）7 台，小四轮 11 台。连干部说，目前全连有 180 荷兰大马力拖拉机 2 台，专用于犁地，一套机械就 63 万，仅车头就 48 万。70 匹以上马力的拖拉机有 4 台，主要从事农田作业，拉运、播种等；有铁牛 55 型拖拉机 4 台；德特 75 型拖拉机 1 台。小四轮拖拉机很普遍，70% 的家庭都有，主要用于拉运物品。

农业科是团场机务管理的职能部门，负责全团的机车管理、调配，以及作业质量的验收等工作。对不服从团、连两级调配或作业质量达不到标准的机车，农业科可以限期停车整顿，给予经济处罚，直至停止作业。团场对农用机车有一套管理制度，对所有的农用机车经营户征收农业机械管理费。1997 年，农业机械管理费为：链式机车 840 元，轮式机车（大中型）1560 元，康拜因 2000 元，小四轮 500 元。除小四轮外，农用大型机车收取马力费，每马力 4 元，用以逐步解决机棚和停车场所。2005 年，农机服务费的标准为：每台收割机 120 元，链式 80 元，铁牛 55（大马力）100 元，小四轮 20 元。农二连没有收割机，铁牛及小四轮分别是 7 台和 11 台，共收农机服务费 1080 元。2007

年团里规定，农业科负责全团机车的管理、调配、收费标准的制定及监督、作业质量的检查及验收等工作，并有权对不服从调配或作业质量不达标的机车给予处罚，甚至停止其作业。团场职工自愿购买新农业机械的，可给予50%的贷款担保，利息的50%由职工自己负担，还可享受国家大型农机具补贴政策。有农机的户必须承担农机工日（与义务工相同）。

团场农业生产的机械化程度很高。20世纪80年代团场种植小麦就实行前后播种作业，播种、施肥、打埂（采用小畦播）一次完成。过去玉米收获均由人工完成，1989年团场从黑龙江引进玉米收割机，缓解了玉米收获时期人工紧缺的困难。玉米的间苗原也是人工作业的，实行精量播种后，点播，一穴两粒种子，间苗少了。1997年全团小麦、玉米、高粱、油料等农作物生产机械化程度就达100%，甜菜生产机械化程度达65%①。甜菜主要是在收获过程需要使用人工。甜菜收获一般分为挖掘、捡拾、切削和田间贮存保鲜四个环节。20世纪90年代后多利用轮式拖拉机牵引挖掘器进行甜菜挖掘，其他至今仍由手工完成，必须做到随挖、随拾、随削、随运，劳动量很大。我们到六十二团的第二天，团里的所有干部就到连队帮助收甜菜，这种服务完全是义务的。小麦生产，从春耕、施肥、中耕、喷药，到收割、脱粒、扬场等，都是采用机械化生产。农业机械的广泛使用，大大减轻了农工的劳动强度，提高了劳动效率，同时增加了产品产量，也使连队可以更多种植高技术含量的高价农作物，比如制种玉米。据连队干部介绍，用大马

---

① 《六十一团志》，第170页。

力机械犁地质量好，深 25～30 厘米。农作物一般扎根在 28
厘米左右，犁深了使底层的生土翻上来，经日晒后土质会变
好，而且大马力车机耕灭茬。

机械化程度的提高，意味着人们对机械依赖的增强，
同时生产成本也在提高。农机作业收费标准是全团统一规
定的。2006 年中国石油价格上涨速度较快，秋季的价格就
比当年春季、夏季上涨了 18%，2007 年 9 月 1 日起团场对
部分机耕作业收费标准做了调整（见表 3-3）。农机服务中
小部分是当时付费，大多数的费用是在农产品售出兑现后才
付费。农二连职工 X 给我们提供的数字为：一亩小麦地的机
耕费为 45 元。X 在 2006 年种植小麦 45.6 亩，小麦收割后复
播油葵，加上两用地的蓖麻，农机服务收费（包括耕、耙、
打药、播、收等）共 4490 元，连里兑现小麦款时扣收割费
190 元，平均每亩地支付 100 元左右。其中大部分钱都是在
11 月底、12 月初支付给农机户（见图 3-3）。

表 3-3   2007 年六十一团农机田间作业收费标准

作业项目	作业标准	价格（元/亩）
犁春翻地	耕深：20～30 厘米	13
犁熟地（冬翻、秋翻）	耕深：24～25 厘米	16
犁旱田	耕深：19～23 厘米	12
联合机整地	深度：10～12 厘米	7
驱动耙整地	10～12 厘米	14
缺口耙整地	10～12 厘米	5
圆片耙整地	10～12 厘米	6.5
缺口耙灭茬	15～18 厘米	5.5
旋耕	8～12 厘米	7
小畦沟植沟播	前后播种机	8.5
小畦沟植沟播	单播种机	7
春耕施肥	条播机	4

作业项目	作业标准	价格（元/亩）
气吸式播种	行距 45～70 厘米	6
气吸式播毒沙	行距 45～70 厘米	4
耕前全层施肥		4
引水开沟	行距 45～70 厘米	4
中耕除草第一遍	深 15～18 厘米	5.5
中耕除草第二遍	深 12～14 厘米	5
开沟培土施肥	深 18 厘米以上	6
喷药	农田作业	2.5
喷药	园林作业	4
收割小麦		16
收割高粱		20
收割制种玉米		45
收割制种玉米摘穗		45
收割油葵		18
收割大豆		16
犁甜菜		15
制种玉米脱粒		11.5
小麦扬场（吨）		7
制种玉米脱粒扬场（吨）		8
清粮机清油葵（百公斤）		0.8
清高粱（百公斤）		0.8
清小麦（百公斤）		0.8
推土机推土（50 米以内）		2 元/立方米
赤地来沟植树		3
秸秆还田粉碎		9

注：凡不在以上标准范围内的每小时按每马力 0.7 元收费标准执行。

本表抄录于二连连部公示牌。

农业机械种类繁多，专业性很强，每个连队都有几个农机专业大户，承揽了全连耕地的耕作任务。这些农机大户大多也是连里的致富典型。据农二连的报表，2004 年，

图 3-3   清选蓖麻 (摄于 2007 年 10 月 29 日)

大中型农业机械 9 台,从业人员 7 人;2005 年,农用机械 18 台,从业人员 18 人;2006 年,农用机械 17 台,从业人员 17 人,其中大中型拖拉机 15 台。连里也积极支持职工购买大型农业机械,有时帮助垫付资金。王某,2003 年从连里领导位置退下后,与弟弟共同购买一台大马力拖拉机,借款 40 万元。由于家里承包的几十亩果园受灾,没有收入,2003~2006 年连队每年帮助垫付还贷资金 18 万元。大型拖拉机的效益也很惊人,2007 年王某就还清借款,并有了收入①。据连队干部说,一个大马力的拖拉机一年可挣 10 万元。在农二连 2006 年自营经济报表中,3 户机车、种植业大户中,职工袁某当年收入 8 万;职工周某当年收入 10 万;职工王某收入 7 万元。2008 年国家开始购买对大型农业机械实行补助,但只补助目录内的机械。

---

① 引自二连汇报材料。

附：六十一团研制的制种玉米收割机通过验收①

天山网霍城讯（通讯员 胡春梅）　10月28日，农四师六十一团多轮式机头牵引侧悬式制种玉米收割机项目通过师科技局鉴定验收。

近两年，制种玉米成为农四师主栽产品之一。随着制种技术的提高，缩行增株技术得到广泛推广，以前的链式牵引收割机已不适应收获的需求。为解决这一难题，六十一团成立了制种玉米收割机科研小组，经过不断改进完善，新研制出的侧悬式制种玉米收割机每小时可收割5～7亩，比人工收获亩节约成本20元，并较好地解决了秸秆还田问题。

该科研项目还具有结构紧凑、实用性强、经济性能好、故障少、易维修等优点。

第六节　灌溉水

六十一团种植业生产主要依赖于灌溉，在建团之初，就开始了大规模的水利设施修建工作。1965年6月，团场主要输水工程西干渠建成，渠长3402米，流量4立方米/秒，可灌溉农二连、农三连1.98万亩耕地。但在1975年以前，水的利用率较低，大引大灌大排。当地有句顺口溜：浇地旱死怕挨刮，淹死算合法。1982年后，随着承包经营责任制的落实，水的利用率逐年提高。团场实施水费

---

① 新疆天山网，http：//www.tianshannet.com.cn，2005年12月6日12：51，稿源：《兵团日报》。

直接列入承包户的生产成本，用水付费。同时改进灌水方法，尤其是推广经流沟灌、小畦灌等方法。1987 年，团里投资 63 万元在农五连设计安装自压喷灌工程，但以后因各种原因没有实施下去。团场长期以来对农田水利基本设施建设很重视，基本都是防渗渠，我们在调查中很少有二连用水紧张的反映，但有人提出连里水渠老化的问题。

团场灌溉科制定并实施对水利基本建设的规划、管理、水费收取办法。渠道的修建主要是以连为单位，团里分配任务，连动员职工完成，团统一验收。连队来多少水由团灌溉科根据土地数量和种植品种进行分配，分到连队的水由配水员管理、分水。浇水时渠水一个条田一个条田地灌，顺着水的方向一家家地接水，到规定的时间，堵住流入上一家地里水口的同时，打开下一家地里的水口。浇水的时间是不分白天黑夜的，什么时候来水什么时候接水。虽然水并不是很紧张，但浇水的时候往往也是可能出现矛盾的时候。每年 4 月是小麦进水期，大部分小麦开始进水，与小麦地相邻的都是刚播的春播地，浇水时有可能出现淹地、冲垮地的现象，连队干部要进行排查、宣传。2006 年，该月仅发生一起因浇水淹地现象。2007 年 4 月 17 日，职工苏某浇小麦水时，由于夜间没看清，将职工于某家刚出苗的甜菜淹掉。双方未能自行达成协议，请连队出面调解。连队干部查看了现场后提出，对 4 行冲毁的甜菜报保险公司，由保险公司赔偿，其余淹了的地等水退地干后，由苏某负责重耕。5 月 9 日连里又受理一起调解案：职工徐某为浇自己的果园把分给地邻另一职工孙某的水扒开，后者找到配水员，连里调解员和配水员让徐某先停水，继续让孙某浇水，徐某偷水时间所有的水费由徐某承担，并对徐某进行批评教育①。

2007 年水费收取标准为每立方米 0.06 元。小麦全生育期一般灌水 4 次。玉米生长期内一般需灌水 4～5 次，一亩地总需水量 380～400 立方米②。水费缴纳不是按亩而是以流量计算，故各户土地水费不同。农二连职工说一般每亩水费要 32 元，有人认为水价有点高。

职工 W：团场水费高，今年（2007 年）我们承包的 22 亩地向团里缴了 1300 元水费，计算下来，每亩地缴了 50 多元。有的地缴了七八十元。

下面是农二连一职工的用水记录。

2005 年（45.6 亩冬小麦）

4 月 2 日，下午 7 点到 3 日上午 11 点，50 公分；

4 月 24 日，上午 8 点半到中午 1 点半（修龙口），下午 5 点半到 7 点半，100 公分；

5 月 17 日，半夜 4 点到 18 日早上 10 点，100 公分；

6 月 6 日，下午 6 点至（夜里）10 点，200 公分；

7 月 1 日，下午 6 点到（夜里）8 点，200 公分；

缴水费 650.64 元，加上小麦款兑现时被扣的 250.64 元水费，共支付 901.28 元，平均每亩 29.76 元。

2006 年（45.6 亩冬小麦，收割后复播油葵；两用地种蓖麻）

4 月 3 日，下午进水，4 日下午停水；

4 月 27 日，下午进水，28 日上午停水；

5 月 15 日，上午 7 点进水（100 公分），上午停水；

---

① 摘自连调解员记录。

② 《六十一团志》，第 98 页。

5月16~17日，蓖麻地移苗，边移苗边浇水，成活率90%以上；

5月30日，下午9点进水，晚上1点停水；

6月23日，上午8点进水（蓖麻第一水），24日中午1点整停水（30公分水）；

7月1日，清晨5点进水，9点停水（150公分）；

7月18日，早晨9点进水，19日早9点停水；

7月27日，早晨9点进水，28日早9点停水（25公分）；

8月11日，早晨9点进水，下午9点停水（50公分）；

8月24日，下午4点40进水，25日下午8点停水（50公分水），油葵进第一次水；

9月16日，上午9点整进水，中午2点整停水（100公分）；

小结：7~8月整两月天热无雨，9月18日下雨1天1夜。水费共1329元。

加上小麦款兑现时被扣的259元水费，2006年他家共支付水费1588元，每亩地平均34元左右。

第七节　季节性用工

在农二连，目前种植业生产上仍有些必须通过人力进行的工作，多在收获环节上，主要有采摘西红柿、制种玉米抽雄、扒制种玉米皮、收甜菜（包括挖、削、装车）、浇水等。园林业的果实采摘、装箱等也完全由人工进行。除浇水外，这些劳动都需要大量的劳动力，有的时效性还很强，如制种玉米的人工抽雄要求数天内做完。劳动的季节

性用工非常大，也是人们临时打工的主要内容。有的劳动
就采用换工形式，几户种植的家庭共同出工，集中力量做一
家的工作。连里也把组织劳力作为一项重要工作，一方面解
决职工的生产需求，同时也是本连职工增加收入的一个途径。
2006 年 6～10 月，连队职工组织了 4 个卸果队伍，平均每人
每天的收入达 20 元（见图 3－4）。

图 3－4 劳作的妇女（摄于 2007 年 10 月 29 日）

二连干部：平时没事干，季节性用工特别大。制种玉
米抽雄，平均每天要 80 人，10 天就要 800 人次。摘西红
柿，每亩 3 吨量，采一遍要 5 个劳动力，一遍一天，摘 3 次
左右。400 亩地要 2000 人次。连里种甜菜（的）有 31 户，
收甜菜时每家出一个劳动力，轮流换工，今天帮一家，明
天帮另一家。都很积极，否则以后就没有人与你换工。也
有雇工的，招外面的人干，按亩数承包，如果按天算，一
天 35～45 元之间。摘果子每天 35 元，中午管顿饭——拌
面。雇工要到外面找人，今年（2007 年）主要从清水河、

六十二团民族连、大西沟等地招来，也有本连队的、周围连队的，有的人到前进牧场找人。连队领导也帮助找人。职工自己找了一些，80%的人是连领导找的。连队找工头，给工头代班费。为摘西红柿，学校还抽了8个班，干了4天，机关干部干了3天。兵团强调服务嘛！

对于有些作物，是否能在急需大量人工时做到有效供给，是保证一年收成的关键。而短时间内组织大量的人力，对于连队职工个人来说往往是很困难的，在播种时，他们经常也会考虑这种作物的季节性用工是否能满足，但现有的指导性种植计划并不是可以随意选择的。团里要求、连里允诺为职工提供各种服务，他们也把对组织上的希望寄托在连队干部身上。如果希望落空，职工们的抱怨情绪是不可避免的。2007年二连的酱用西红柿就遇到这种情况，大量的西红柿因无人采摘烂在了地里。直到我们去调查，种植西红柿的农工仍有许多话要说。

职工A：我们家今年（2007年，下同）种了52亩地，西红柿22亩，制种玉米30亩。今年年初连队成立了打工公司，说是农忙季节给职工找人干活，规定我们家种西红柿。但是到了摘西红柿的时候，他们一个人也没有找到，让我自己想办法。我就四处找人，最后找到住在清水河附近的一些维族人，摘了一遍，再找不上人了，西红柿全烂在地里了。

职工B：我的40多亩地种西红柿。当时领导说放心，有事不要担心。我们种了，采摘时找领导要人，找到三宫乡的人来采摘。采摘了一遍，后来还想再采一遍，他们找不到人，让我自己找。整个（用工）市场都紧张，修铁路、高速路，到处要人。原来工钱一天20～30元，现在50～60

元，几十吨西红柿，宁肯烂着。我今年（2007年）勉强保个本，有些收2吨多的还要贴钱。

退休职工C：西红柿应分三四批摘，我们就摘了一次，多少人去摘，学校的娃娃也来了，满地都是西红柿！六十二团一亩收8吨，我们收不到4吨，有几家是5吨。收不及！250元一吨西红柿，就摘了一次，应该再摘一次。浇完水，七八天后再摘，熟了不摘就烂了。本来8月中旬开始摘，我们上旬就开始，说反正亏了，团里补，订单农业，1亩地包910元，达不到标准的，应该补到910元，还是亏了。西红柿，亩收4吨，就1000元。

在农场打工的人也都是务农的，季节性用工，来自兵团之外附近乡镇的人较多，也有不同连队或本连的人打工。一是由于家里劳动人口较多，有富余劳动力；二是因为各地或者各户种植的作物品种不同，农时要求不同，劳动力可以互补。后者多在家庭附近打工。30多岁的职工X与父母同住。母亲退休，父亲也快60岁，媳妇不是正式职工，孩子在上学。一家人种了45.6亩冬小麦，地里的事父母帮助照看着，他和妻子经常出外打工，少数情况下家里出去3个劳动力打工。这也成为家庭收入的一个重要来源。打工的时间从3月开始至10月结束，8~10月三个月打工天数最多。因为这段时间农事较繁忙，需要人力多，X家种的冬小麦，7月收麦后复播作物投入人力有限，可以有更多时间打工。X夫妇的打工以本连队内打工为主，2005年63.5天的打工记录中，表明是到二连之外的单位打工的有17天，占27%，主要从事临时性的农林业生产。工资标准不统一，时间较随意，都是付现金，欠账的极少。2005年一家打工63.5天，115人次，收入3556.5元，平均一天挣56元；2006年一家打工40天，65人次，收入

2644 元，平均一天挣 66 元（见表 3 - 4）。2007 年由于人工紧张，劳动报酬明显增长，估计打工者的收入会更好一些。

表 3 - 4　农二连职工 X 家的打工记录

时　间		天数（天）	人次（人）	收入（元）	主要工作内容
2005 年	3 月	5	8	215	上肥、打药、修渠、果园挂钢丝
	4 月	3	5	56	打药、卸化肥
	5 月	4	5	120	锄草、疏果
	6 月	3.5	8	306	锄草、摘杏
	7 月	4.5	6	153	拉麦草、浇水、推煤渣、卸桃、锄草
	8 月	9.5	20	602.5	装卸桃子、摘蓖麻、拆房
	9 月	24.5	46	1383	摘蓖麻、打药、扒玉米皮、割（脱）黄豆、摘葡萄、摘苹果、打打瓜
	10 月	9.5	17	721	削甜菜、摘蓖麻、卸肥料、打包（苹果）
	合计	63.5	115	3556.5	
2006 年	3 月	3	3	90	
	5 月	1	1	33	卸肥
	6 月	2	6	135	卸桃子
	7 月	8	16	655	卸桃子、清麦
	8 月	4	11	320	卸桃子
	9 月	13	18	671	割（脱）黄豆、摘苹果、打包
	10 月	9	14	740	打包、摘（包）苹果
	合计	40	69	2644	

注：根据 X 的打工记录整理。

附：六十一团全线支农无闲人[①]

霍城讯（特约记者 兰玲玲）　10 月的阿力玛里，田野

---

① 西极网 > > 新闻 > > 垦区新闻 > > 经济新闻。来源：《伊犁垦区报》，日期：2007 - 10 - 29。

72

里处处是忙碌的身影。今年（2007年，下同），六十一团发起支农总动员，大街小巷里见不到一个闲人，千余人赴农业一线助秋收。

今年，该团调优种植业结构，制种玉米、甜菜、番茄面积增加至3.5万亩，收获期劳力非常紧缺。该团通过全方位的宣传、组织，发起了热火朝天的支农总动员，一方面调动所有团直单位人员不分节假日下连助农，（另）一方面组织劳务大军浩浩荡荡支援秋收。

9月中旬以来，该团机关、医院、社区、学校等十余个团直单位的人员几乎天天下连队，帮助农工采摘番茄、酿酒葡萄，剥制种玉米皮、削甜菜，白天支农，夜晚办公。机关人员支农"个顶个"，遇上出差或事假，都会主动找人顶替。社区43名"4050"人员集体上阵，劳动竞赛开展得红红火火。连队离退休人员成立了15支"支农小分队"，由党支部组织集体打工。团直单位的老同志在看家护院的同时，主动上街剥玉米皮。丰收的田野里，处处是火热的支农场景。

今年，雇工费用上涨吸引了团场及周边乡场的大量闲散人员。该团积极引导建立劳务市场，其中团部中心劳务市场规模最大，每日约200余名打工人员在这里集散，同时出现了十余名劳务经纪人。周军祥是其中的一个。他说，自从印发了自己的"劳务名片"后，手下已有32个固定劳务人员，只要不下雨，天天有活干，一个月下来，解了28户职工的燃眉之急，劳务人员每人也收入1000余元。园林五连劳务市场小有名气，连队闲散的青壮年劳力每天都到这里找活干，打麻将、闲逛的人没有了。

发起支农总动员后，该团劳动力紧张的局面得到缓解。

截至目前，该团 5000 亩酱用番茄和 2.3 万亩制种玉米收获工作已经结束，秋收工作比去年提前 10 天完成。

第八节　自营经济

团场的自营经济属于非公有制经济，以各种形式的庭院经济（以"两用地"为基础）为主，以及职工从事的基本建设工程劳务承包、个体运输、长途贩运、餐饮服务、批发零售、房地产开发建设等多种形式的个体私营经济，职工自筹资金发展私人养畜，经营林果园、渔场和农机服务业，从事农产品流通活动，等等。2005 年全团自营经济总收入达 2026 万元，约占全团经济总量的 1/4。

团里为鼓励自营经济的发展，出台优惠政策。如 2001 年就规定：为鼓励职工发展畜牧业，凡本团职工，在农区包羊 20 只以上、牛马 3 匹以上可免缴草场费。饲养生产母羊 100 只以上，生产牛 10 头以上，生产母猪 20 头以上，养禽 2000 只以上和育肥羊年出栏 400 只以上，可划给饲料地 5 亩，土地费减免 50%，并免其本人一年义务工，无偿划给建设棚圈地 1.5 亩，提供有偿扶持资金，等等。2007 年为鼓励职工发展畜牧业及第二、三产业，对不愿经营种植业和园林业的职工，如其本人自愿，可以退出土地；没有生产对象的职工自谋职业，免收 2007～2008 年应承担的五项保险三项费用（个人应承担的 11% 除外）及团、连两级管理费。连队养殖业达到一定规模给连长、指导员、工会主席一定奖励，等等。

如前文所言，农二连的两用地较小，2004 年户均 2 亩，其中还有 7 分宅基地。在两用地种菜的很少,据说仅有 1 户,主要是种油葵、蓖麻、黄豆等。两用地先是缺水,后又被收回,能够给职工带来的效益有限。宅基地面积小,从事家庭养殖业的很少,一般家里顶多养几只鸡。农二连以汉族人口为主,养猪家庭本来是较多的,现在也越来越少。从连里的报表看,2006 年 8 户养猪,最多养了 27 头猪;2007 年有 7 户养,多的养了 20 头,少的仅 1 头。据说,由于猪饲料价格上涨,庭院面积小,养猪味道又太大,住在营区的农户基本都不养猪。

据二连报表,不论养殖户数还是养殖的数量,养羊的最多,最多的有 228 只,少的也有 80 只(2 户)。养马、养牛的家庭牛或马数量都不多。连里有一户哈萨克族牧民,专门从事养殖业,夏秋季将连里的羊赶到山里放牧,冬天在收割后的农田里放牧,收代牧费。职工们自己也说,汉族养殖户不行,维吾尔族、哈萨克族可以。据职工们反映,目前农二连队从事养殖业的人很少,原来有些养殖户都不养了(见表 3 - 5、图 3 - 5)。

表 3 - 5 农二连的养殖户

项目 年份	养羊户 (户)	养牛户 (户)	养马户 (户)	养猪户 (户)	年末牲畜存栏 (头、只)
2004	—	—	—	—	2570
2006	25	9	3	8	—
2007	14	5	3	7	1700

注:据农二连报表统计整理。

农二连的自营经济还有客货运输、商店、农机服务等,有 9 户自营经济大户。2004 年全连有载客汽车 1 辆,小型

图 3 - 5　秋收后的耕地上的羊群（摄于 2007 年 10 月 24 日）

出租车 1 辆，有小四轮 15 辆。2007 年有 4 辆出租车、27 辆小四轮。在农二连，对于大部分家庭来说，种植业和园林业是主要的收入来源，自营经济只对少数人有帮助。

附：农二连职工发展自营经济的优惠政策

职工发展自营经济的优惠政策

为贯彻落实六届二次职代会的精神，和兵团 "1 + 3"、"1 + 8" 文件的精神，致富职工，发展团、连两级经济发展自营经济，壮大自营经济队伍，增加职工收入，特制定如下优惠政策：

1. 凡养殖规模达到 100 只标畜，团将给予 5 亩饲料地，收取 50% 的土地费，并给 5000 块砖盖羊圈。

2. 凡养殖规模达到 200 只标畜，团将给予 10 亩饲料地，收取 50% 的土地费，并给 10000 块砖盖羊圈。

以上优惠政策都是限于从原有土地上分离出来、成为专业养殖户的职工。

养殖贷款也优先给予有一定养殖经验和养殖设施的养殖户，特别是养殖大户的优先。

3. 落实好"两用地"的用水，在正常的情况下，免收水费。

4. 从事自营经济符合计划生育规定的职工，一年承担两个义务工。

5. 从事自营经济的军人家属，由武装部出证明，可免一人一年"两工"。

农二连党支部

自营经济领导小组

2007 年 3 月

第四章　收入分配

　　在"3＋1"文件中，理顺分配关系是深化团场改革的一项重要内容，包括合理确定、规范农业承包职工的上缴费用；减轻农业承包职工负担，增加职工收入；建立农业承包职工家庭以丰补歉资金；完善团场领导干部的收入分配及考核制度等措施，当然最重要的还是合理确定并规范职工的上缴费用问题。

第一节　土地费

　　承包土地需要缴纳承包费用。六十一团与大多数兵团团场一样，以农业为主，土地是最主要的收入来源，土地的收益维系着职工的生活、干部的工资、团场各类管理机构的运行、各类基础设施建设、各种社会事业的发展，以及离退休职工的生活。缴纳土地费是土地承包者种植土地的条件，也是管理者对承包者进行管理的一个重要手段。

　　兵团承包地的收费包括各种内容。2001年团场承包职工要承担四大费用：工资附加费17.5%，养老保险、社会保险统筹费23%（不包括个人应缴5%），工伤保险金0.5%，失业保险金2%。多数情况下承包者缴纳实物，一般上缴财务指标一定三年。如1997年承包果园者以实物上缴（价格按市场价格进行调整）。从结果开始收缴实物，每亩第一年150公斤，第二年300公斤，第三年540公斤，第四年900公斤[①]。果园有租赁和上缴实物承包两种形式。租赁者要在4月1日以前用货币一次性缴清按团规定的价格乘以上缴的实物量，果品即可以自行处理。承包者要按规定的果品标准送果品到果品厂，经过筛选、定级。未结果果园按每亩100元收缴土地费。此外还有各种费用通过土地征收，如1997年，团开始推行征收绿化生态效益费制度，标准为耕地每亩2元，果园每亩5元；同时建立起农田水利建设基金制度，按土地面积征收水利基金，征收标准为每亩8元，用以改善农田灌溉条件[②]。

在2004年11月颁发的"1+3"文件以及2006年9月颁发的补充意见中，把职工上缴的费用分为4项，其中前3项由团办企业、经营性事业单位和农业连队承包职工按比例分担，农业承包职工承担的费用，按其承包土地等级不同摊入承包面积来缴纳。

（1）国家法律、法规规定的应缴费用：包括依照法律、法规团场统一承担的社会保障"五项统筹费"、住房公积金、工会费、职工教育经费等费用。这部分也被称为职工自身受益部分。

（2）团场补贴的社政公共费用：是目前由团场补贴一

----

① 2001年六十一团果林业实物封顶上缴量由前一年的每亩900公斤下降到每亩600公斤。要求各单位按团下达的计划数不得给职工增加利费指标，对税利费收缴情况全部张榜公布。

② 1997年六十一团《关于深化改革，加强管理完善承包经营责任制的若干规定》，《六十一团志》，第508页。

部分的文化、教育、科技、卫生、民政、政法、武装等社会公益性支出。这项补贴费用由团场参照前 3 年的实际开支，结合当年需要做出补助预算。该项补贴费用以后将根据国家公共财政对团场支持力度的加大而逐步下降。

（3）团场机关管理费（含连管费）：是团场组织生产经营和行政管理的费用。管理费收取的依据是兵师核定的机关人员（包括连队干部）、车辆编制内的经费支出标准和团场机关公务经费支出定额。

（4）国有农用土地使用费：是国有农用土地资源的有偿使用费，用于统筹解决团场建设投入。由兵团财务局根据各师土地级差和作物种植情况分解下达①。

由此可见，土地承包中所包含的内容较多，因此，兵团承包地的收费一直被认为是较高的，经常成为各种矛盾的焦点，而如何减轻职工负担，也成为国家及兵团各级领导经常考虑的问题。"1＋3"文件中提出，团场要精简机构，压缩非生产人员，努力减轻生产一线职工负担。对遭受严重自然灾害和特殊困难的农业承包职工，可以采取缓缴土地使用费等优惠政策。兵团华士飞司令员强调，要把过高的管理费用减下来，要取消团场对承包职工不合法、不合理的负担费用，定额管理面积内的土地承包费只减不增②。

---

① "1＋3"文件中表述为：团场土地使用费，即农业承包职工承担的土地使用费，要根据职工承包土地的等级、前 5 年平均产量、产值和成本水平，确定上缴基数和递增系数，一定 5 年不变。依补充文件规定的国有农用土地使用费，全兵团最高平均 1 亩地 14 元，在六十一团均为 9 元。但 2007 年"团场土地使用费"仍然在收，不同等级土地收费不同。下文还将提到。

② 华士飞司令员在兵团落实税费改革电视电话会议上的讲话（2007 年 1 月 26 日）。

　　2006年，兵团党委决定，在2005年基础上总体降低职工负担10%。2007年是新一轮承包的开始，与过去相比，重大的变化就是"定项限额"，只能征收"1＋3"补充意见中规定的4个收费项目，收费标准也不得任意增加。第二个收费项目（团场办社会部分）中，类似农村"乡镇五项统筹"① 部分已经全部取消，其中义务教育按照兵团制定的标准将全额拨到团场，民兵训练、计划生育、优抚等税费改革的部分也都在兵团统筹。道路建设中的通连公路职工将不再负担。其他广播电视文化等公共事业兵团将继续加大投入。第三个收费项目（机关管理费）中，兵团明确规定人员车辆等经费必须按编制标准核定，超过部分职工不予承担。第一部分中职工自身受益部分，包括由团场上缴的社会保险五项统筹，以及福利费、工会费、职教费，在"十一五"期间维持2005年的标准不变。兵团党委承诺对25个边境一线困难团场和单位将实施除职工自身受益外的负担全部免除的政策②，并承诺，到2010年，所有团场职工承包经营定额管理面积内的土地承包费在2005年基础上减少50%；2020年前，全部免除土地承包费③。按照规定减负的标准，六十一团2006年减负1427万元。

　　具体土地承包费究竟是多少，减负所带来的实惠有多少？我们来看看二连的情况。

---

① 五项乡镇统筹，即教育附加费、计划生育费、民兵训练费、民政优抚费、公路建设费这五种费用。

② 华士飞同志在兵团税费改革工作总结及安排今年土地承包工作电视电话会议上的讲话，2007年3月2日。

③ 《免除定额土地承包费今年是兵团减负最大的一年》，稿源：新疆人民广播电台，2007年2月24日，天山网首页＞＞新闻中心＞＞经济新闻＞＞正文。

据《六十一团企业经营管理章程》（团发［2007］9号），土地费分为两大类别、九项费用。第一类包括五项保险、三项费用：养老保险、医疗保险、失业保险、工伤保险、生育保险、工会经费、职教经费、福利费；第二类是国有农用土地使用费。第一类上缴数是根据职工的档案工资按比例计算的。在兵团，农业一线职工是不发工资的，只有档案工资，这是职工缴纳五项保险、三项费用、"三金"，以及享受医保及退休后享受退休金等的重要依据。五项保险、三项费用缴纳的比重一共占职工档案工资的40.1%，其细目分别为：20%的养老保险、8%的医疗保险、2%的失业保险、0.2%的工伤保险、0.4%的生育保险、2%的工会经费、1.5%的职教经费、6%的福利费。第二类费用是按承包土地面积上缴的，每亩9元，由团场代扣代缴。

土地费中还有一类，即土地使用费用，按土地等级征收。土地等级确定的因素主要包括土地的有机质含量、水土条件、距生活区远近、土地前三年平均产出率等。据连干部介绍，二连的大田有九个等级，一个等级差2.5元，最高的171元/亩，平均168.5元/亩。新植的果园，前三年按本单位种植业同等土地类别（白地）收费，达到结果年限（分别为苹果、梨5年，杏4年，桃、葡萄3年）后开始收取土地使用费，连续递升3年，第三年达到丰产期，收费封顶，以后的二三十年都是最高价。定额管理面积内达到结果年限的果园，土地费按第一年280.4元、第二年350.4元、第三年437.9元的标准征收，如果果树冻死被砍掉就按种植业同等土地征收。

据笔者对农二连《2007年财务计划汇总及土地费分解明细表》分析，身份地中大田平均收费为172.8元/亩，其中最低的 112.12 元/亩（仅一户 43 亩地），最高 179.6 元/亩，63% 的地收费在 170～175 元之间；果园平均收费为 255 元/亩，最低 171 元/亩（未到挂果期的果园），最高 500.5 元/亩。只有 40 亩果园是最高价，也就是处于丰产期的果园；收费最低的果园有 121.7 亩，这些果园当年并没有产出。全连共需缴纳身份地的土地费为 93.62 万元。

减负只针对在职职工的身份地。2006 年农二连也进行了税费改革，大田每亩减 14.14 元，果园每亩减 19.16 元，变卖果园每亩减 14.1 元。后来又将税费改革补助资金返还给职工，团里决定将师里给的补助资金 297 万元（类似农村乡镇五统筹的补助资金）全额返还职工，种植业每亩返还 40.19 元，果园每亩返还 108 元。当年共减负及返还大田每亩 54.33 元、果园每亩 127.18 元。一个职工的身份地大田 21.5 亩，或果园 8 亩，可减负及返还 1168.1 元或 1017.3 元，当然，少数承包土地面积没有达到这个标准的职工没有能够享受到这个标准的减免。2007 年，在 2006 年土地费基础上下调 12.5%。以上述土地费的平均数算，大田减负 21.6 元/亩，果园减负 31.9 元/亩，每个职工的身份地共减负大田 464.4 元，果园 255.2 元。按照连里的统计，2007 年农二连职工共减负 15.63 万元①。从计算上看，2007 年减负后比 2006 年减负后所缴纳的土地费还要高。职工们认为身份地虽然减了 12.5%，同时所有土地都要开始缴纳国有土地使用费（9 元/亩），两者相抵，也没有减多少。

---

① 按表中的数字汇总，职工能享受到的有 11.7 万元。由于 2006 年的减负是直接以每亩地减免一固定数额，而不是以比例计算的。故实际 2006 年土地收费标准仍与 2005 年相同，2007 年的减负是在 2005 年的基础上减免 12.5%。

表 4 - 1　2007 年六十一团果园收费标准

单位：元/亩

结果年限 土地类别	第一年	第二年	第三年
一类地	280.4	350.4	437.9
二类地	254.9	318.5	398.1
三类地	229.4	286.7	358.3

　　注：此标准为《六十一团企业经营管理章程》中的规定。该标准已在 2006 年收费标准基础上减少了 12.5%。

　　承包经营地的土地承包费中除不缴五项保险、三项费用外，其他费用和身份地上缴的费用一样，但没有减负之说。

　　可见，如果仅谈到按承包土地亩数计算的使用费，二连职工的负担并不是很重，大田每亩不超过 200 元。我们在霍城县农村调查时，得知土地短期转包的价格为 200～300 元/亩，土地相对较多且缺乏劳力的家庭转包土地的现象也不少。但职工需要缴纳的，按档案工资比例计算的"自身受益部分"，即五项保险、三项费用的数值是较大的。如果一个在职职工的月档案工资为 891 元（这是二连职工最普遍的档案工资数，也是最低的档案工资数），一年他需要缴纳的五项保险、三项费用为 4672.4 元；通常一家有两个职工，就需要缴纳 9344.8 元。如果按照标准，一家两个职工承包了 43 亩身份地，要缴纳国有农用土地使用费 387 元，土地使用费（按平均值 172 元/亩算）7396 元，总共需要缴纳土地费 17127.8 元。如果减去 2007 年减负的 12.5%（924.5 元），需要缴纳 16203.3 元，平均每亩 376.8 元。

　　职工自身受益部分是根据个人的档案工资缴纳的。据二连《2007 年财务计划汇总及土地费分解明细表》，全连

189 户职工中,月工资总额 284780 元,平均每户 1506.8
元。最多的是 891 元,一户两个职工就 1782 元,三个职工
就 2673 元。最高的为 4455 元,即有 5 个职工。3000 元以上
的共 3 户(见表 4 - 2)。全连共缴纳五项保险统筹 116.87
万元,三项福利费 11.69 万元。

表 4 - 2 农二连分户档案工资数额

项目 \ 工资	999 元以下	1000 ~ 1499 元	1500 ~ 1999 元	2000 ~ 2499 元	2500 ~ 2999 元	3000 元以上	总计
户数(户)	73	16	76	6	15	3	189
比重(%)	38.6	8.5	40.2	3.2	7.9	1.6	100

注:据《2007 年财务计划汇总及土地费分解明细表》计算。

表 4 - 3 是 2007 年二连承包土地的职工应缴纳的土地
费,平均每户缴纳自身受益部分 7250.6 元、土地费
10596.7 元,共缴纳 17847.3 元,平均每亩缴纳土地费
400.16 元。以 4 位职工家庭为例,缴纳的费用多的为
26851.45 元,少的为 12363.64 元,差别很大,分摊到土地
中去,即发现各家庭每亩土地费的差别极大,显然,除了
大田与果园缴费的差别外,家庭内职工数越多,承包地越
少,每亩摊的费用就越高。同时,承包地的收费额度并不
能完全根据货币费用的多少来确定。

附:农二连 2005 年土地承包经营合同书

土地承包经营合同书

甲方:六十一团农二连

代表人:×××(连长)

乙方（承包户）：×××

为进一步落实家庭联产承包责任制，充分调动职工的生产积极性，明确甲乙双方的权利义务，根据《合同法》和《六十一团企业经营管理章程》的有关规定，经协商签订本合同。

一　甲方将　　号条田（班）45.6 亩土地，其中 4 等地 45.6 亩，承包给乙方经营种植，实行两费自理、自负盈亏，土地费及就承担的费用实行实物抵缴的办法。

二　承包期限：自 2005 年 1 月 1 日至 12 月 31 日止。

三　乙方必须按照约定，完成指标任务数如下：

作物名称	面积（亩）	单价（元）	利费额（元）	养地基金	水利建设基金	农业保险费	机车管理费	植保费（元）	合计（元）	抵缴实物量
小麦	45.6	172.4	7861.44			45.6×27.5＝1254				
					减农闲工 120（个）				8995.44	

表 4-3　2007 年农二连承包土地的职工应缴纳的土地费

	项目　　类别	征收标准	户均**	职工甲	职工乙	职工丙	职工丁
	档案工资（元/月）	档案工资（%）	1506.8	891	2922	1782	2076
自身受益部分	五项保险 养老（元）	20	3616.3	2138.4	7012.8	4276.8	4982.4
	医疗（元）	8	1446.5	855.36	2805.12	1710.72	1992.96
	失业（元）	2	361.6	213.84	701.28	427.68	498.24
	工伤（元）	0.2	36.2	21.38	70.13	42.77	49.82
	生育（元）*	0.4	72.3	42.77	140.26	85.53	99.65
	三项费用 工会费（元）	2	361.6	213.84	3331.08	427.68	498.24
	职教费（元）	1.5	271.2	160.38	701.28	320.76	373.68
	福利费（元）	6	1084.9	641.52	525.96	1283.04	1494.72
	小计（元）	40.1	7250.6	4287.49	14060.66	8574.98	9989.71

续表 4 – 3

项目			类别	征收标准	户均**	职工甲	职工乙	职工丙	职工丁
土地费	承包土地	身份地减免(%)	大田 面积(亩)		26.6	21.5	43	43	
			大田 单价(元/亩)		150.5	174.8	171.57	172.4	
			大田 缴纳(元)		7099.3	3288.43	6455.47	6486.55	
			果园 面积(亩)						16
			果园 单价(元/亩)		223.1				433.32
			果园 缴纳(元)						6066.46
		经营地	大田 面积(亩)		18	25.3	2.6	63.6	
			大田 单价(元/亩)		172	172.59	167.6	170.29	
			大田 缴纳(元)		3096	4366.52	435.76	10830.52	
			果园 面积(亩)						3.8
			果园 单价(元/亩)		255				171
			果园 缴纳(元)						649.8
	国有农用土地使用费(元)			9(元/亩)	401.4	421.2	410.4	959.4	178.2
	小 计(元)				10596.7	8076.15	7301.63	18276.47	6894.46
	合 计(元)				17847.3	12363.64	21362.29	26851.45	16884.17
	平均每亩缴纳(元/亩)				400.16	264.18	468.47	251.89	852.74

* 生育费用在原表的基础上按比例进行了调整; * * 户均土地费均以全连户均大田亩数计算。

数据来源：六十一团《2007 年财务计划汇总及土地费分解明细表》（农二连）。

四 承包期内，乙方应服从甲方的管理，应抵缴的实物必须于（20）05 年 11 月 30 日前按本合同规定的指标和任务数统一交连指定地点，运费由乙方承担。超实物量部分的产品，若乙方如有欠款，按还款协议交清欠款后，产品可自行销售。

五 乙方必须按时完成应承担的义务工和劳动积累工，即 45.6 个、547.2 元。

六 承包期内甲方有义务为乙方提供技术服务，包括产、供、销服务，及时掌握市场信息，加强内部管理，使承包户取得最佳经济效益。

七 承包期间，乙方应自觉遵守国家法律、法规和团、连的规章制度，不得弃耕或变更土地用途；不得对土地进行掠夺性经营，不得种植禁种的作物；不允许在土地上修建筑物。

八　其他约定条款

1.

2.

3.

九　违约责任

甲、乙双方必须信守本合同，如一方违约，承担未交清部分产品70％的违约金。

十　争议的解决方式

双方因本合同发生纠纷时，应协商解决，协商不成时，提交霍城垦区人民法院审判。

十一　本合同未尽事宜，均按团发［2000］1号［2000］2号文件的有关规定执行。

十二　本合同签字并报团政研室审核盖章后生效，合同一式三份，双方各执一份，报政研室备案一份。

甲方：农二连　　　　　乙方（承包户主）×××

代表人：××（连长）

签订时间　2005年6月15日

第二节　两费自理与借贷

"两费自理"，即农牧一线职工自己解决生产、生活费用。土地承包前，兵团职工都是大锅饭、铁饭碗，只管生

产，不管盈亏。土地承包后，多数职工习惯性地依赖团场、
连队，在生产和生活上靠支持，欠款未还的现象很严重，
企业负担重，于是"两费自理"被一再强调。

六十一团从 20 世纪 80 年代土地承包到户后不久就开始
提倡两费自理。1985 年，团场举办家庭农场，包死基数，
定额上缴，团场垫付生产费用。当时农牧一线职工均不再
拿工资，月工资记入档案。1986 年以后年年强调两费自理，
1989 年全团范围内执行两费自理，部分不能自理的承包户
实行贷款按银行同期贷款利率计算。1994 年，提倡租赁承
包，年初一次性缴纳承包费用，种子、肥料、农药、机耕
费均由个人现款支付，其他费用等产品兑现时扣回。1997
年，团场不要求对规模化经营实行两费自理。对有产品无
资金的职工，可由连队垫支生产资料，产品兑现时捐款。
对无自理能力的困难户，由团贷款垫付生产资金（实物），
当年以农产品偿还贷款，要彻底改变计划经济惯性形成"团
场垫支，职工种地"的局面①。但直到 2000 年，团场领导仍
指出两费自理效果不明显，形成了一垫两不变，即一部分职
工生产靠垫资，不缴机耕费，不缴产品，造成企业负担重，
机车收不上钱，无法更新农机具，影响生产力发展②。也就是
说，虽然职工承包土地，自负盈亏，但实际上职工自己流动
资金短缺，独立负担生产费用、生活费用还很困难，必须通
过团场垫资解决生产资金，秋收后，有的人仍然无力偿还团
场的垫资，形成欠债，有的甚至数年欠债，对团场管理以及
个人的生产、生活都造成了很大的压力。于是团场要求更多

---

① 《六十一团志》，第 224、247、509、513 页。
② 朱谊星在五届三次职代会上的报告（2001 年 3 月）。

的人两费自理，要求职工先缴钱后种地。2001年，全兵团生产费自理的农工约24万人，自理金额约19亿元，分别占总数的61.3%和48.7%①。

在六十一团《2001年经营管理规章制度》中专门要求大力推行两费自理，彻底改变"公家出钱，我种地"的思想观念，2001年各单位两费自理达到95%。职工生产需要垫付生产资料的，有产品的职工经批准由单位垫付生产资料，在产品兑现时扣回；会经营但暂时没有自理能力的困难户，可由单位指定人担保，经团批准，由计财科办理有偿实物贷款，贷款必须在当年农副产品兑现时归还。对年终未扣回的垫付资金，采取谁批谁负责，坚决执行担保法。要扩大职工两费自理的范围。从2001年起，对自来水费、家属小孩医疗费、暖气费、卫生费、农业保险费、土地使用费、有线电视费等以及职工个人应负担6%的养老金和2%的医疗保险费等一律实行收付现金制度；农作物用水必须贯彻先缴钱后浇地的制度；农业生产中的机耕费，必须做到先缴钱、后进地作业，单位不再进行代扣。也就是说，所有的生产费用原则上都应该先缴钱再服务，赊账不被允许。

2004年的"1+3"文件中，强调"在大力推行生产费自理承包经营（即年内生产费全部自理，年终以农产品抵缴或以现金交付上缴费用）的基础上，积极推行年初一次性缴清所有上缴费用、年内生产费全部自理的承包经营形式"②。两费自理工作得到了强力推动。在六十一团，对2006年没缴承包费用的承包户，签订2007年承包合同之前

---

① 《2001年兵团国民经济与社会发展概况—经济体制改革》，新疆生产建设兵团网站，兵团经济。
② 《新疆生产建设兵团关于深化团场改革的意见》，2004年11月19日。

必须补缴承包费用（不得低于费用的50%以上），否则不准
签订合同。2007年要求承包土地的人员两费自理程度达到
100%。全面推行年初一次性缴清所有上缴费用、年内一切
生产费用自理的承包经营形式。上缴费用必须在4月1日以
前以现金或小额贷款等形式缴清。团场协助银行给予小额
贷款缴纳费用。对不实行年初一次性缴清所有费用、年内
一切生产费用自理的承包户，在规定缴费的基础上再上浮
10%。果园必须在5月10日前一次性缴清所有上缴费用，
年内一切生产费用自理。若一次性缴不清所有上缴费用者，
定额管理面积内土地费按2006年征收，即不能享受12.5%
的减免政策；定额管理面积外收费标准上浮10%。

　　"两费自理"要求职工应该在4月1日以前提前支付当
年的应上缴费用，据团里干部说，这也是为了避免有些人
依赖于团场的垫资或贷款，秋后又难以收回这种长期以来
就存在的不良现象。但能够在春播之时就有上千、上万元
现金用以上缴的承包户毕竟很少。多数家庭还是在秋天缴
纳产品后，团场兑现之时由连队扣除这些费用，将剩余的钱
发放到职工手中，少数家庭可能某一产品的全部交售款都被
扣除，而没有现金收入。在2006年农二连的《甜菜兑现表》
（见表4-4）中，15户种甜菜的职工，上缴的甜菜数在196
吨至33吨之间，100吨以上的4人，平均交售73.8吨，交
售单价为每吨235元，加上运费，户均收入1.78万元，最
高卖到4.69万元（见表4-4中的职工A）。表4-4中显示
一些职工应缴未缴的费用在甜菜收入款中扣除，当然其中
一些也可能是在缴纳其他农产品时已经扣除。扣的最多的
是土地费以及种子、薄膜、肥料等生产资料，说明只有少
部分是自己支付生产资料费用，多数人都是以团连垫资的

形式先使用，再在甜菜款中由连里代扣。机耕费是交给机车户个人的，赊账的较少，绝大多数都已支付。自来水、电视费都属于生活支出，已缴的人也占多数。15 户甜菜户平均扣款 1.11 万元，实发甜菜款 6682 元。也就是说，甜菜种植户拿到手的甜菜款现金占到其收入的 37.6%，不到 2/5。其中有 4 户全部扣完，没有拿到现金（如表 4-4 中的职工 C）。从职工 A、B、C 的缴费情况看，种地多，收入多，其收入明显好于地少的家庭。

表 4-4　2006 年农二连甜菜兑现

项目	职工户	总计	户数（户）	户平均	职工 A	职工 B	职工 C
收入	交粮数（吨）	1106.5	15	73.8	196	60.4	37
	金额（元）	260034	15	17335.6	46078	14197	8781
	运费（元）	6608	15	440.5	790	309	396
	小计（元）	266642	15	17776.1	46868	14506	9178
扣款（本年欠）	养老金（元）	8113	4	2028.3	2558		2327
	自来水（元）	616	5	123.2	108		36
	土地费（元）	79078	14	5648.4	13338	2054	3381
	机耕费（元）	1245	1	1245	1245		
	水费（元）	9669	10	966.9	400	995	164
	机车管理费（元）	20	1	20	20		
	种子（元）	12879	13	990.7	959	490	700
	膜（元）	11164	12	930.3	1960	664	539
	肥料（元）	40886	13	3145.1	4950	3433	1960
	冬播肥料（元）	2000	1	2000	2000		
	电视费（元）	240	2	120	120		
	戈壁费（元）	507	5	101.4	200		71
	小计（元）	166416	15	11094.4	25858	7636	9178
应发金额（元）		100226	15*	6681.7	21011	6870	0
应发金额占收入的百分比（%）		37.6		37.6	44.8	47.4	0

注：本表所涉及的指标只是有款项的指标。甜菜单价 235 元/吨。

＊有 4 户是零，也记入平均数。

在 2007 年《小麦兑现明细表》（见表 4 – 5）中也有同样的表现。当年的小麦种植户有 33 户，每户平均种植 34.1 亩小麦，年均收入 2.08 万元。在扣除利费、垫支款、贷款本金及利息后，户均实发 8917 元，占收入的 42.78%。有 2 户小麦款全部用于扣除利费及垫支款，有 1 户在扣除贷款后，小麦款全部扣完。表 4 – 5 中显现，水费、收割费、清粮费普遍是在兑现粮款时扣除，有 28 户扣除了三金。相当一部分人提前缴纳了利费，有 6 户扣除的利费额是负数（如职工 D），有 4 户不到 500 元，2 户无，可能都已经有过缴纳行为。有 19 户当年贷款，户均贷款 9632 元，加上利息，在小麦款中户均扣除了 1 万元。从职工 D、E、F 三户来看，F 的土地最少，扣除各类款项（其中一些款项可能因无钱扣而在此未扣）后应发小麦款为零，其小麦产量过低也是一个重要原因。E 家的亩产量是 F 家的一倍以上。

表 4 – 5　2007 年农二连小麦兑现明细

项目 \ 职工户	总计	户数（户）	户平均	职工 D	职工 E	职工 F
面积（亩）	1125	33	34.1	58.1	40.9	23
净重（公斤）	554820	33	16812.7	28400	23160	6020
平均亩产（公斤/亩）	493.2			488.8	566.3	261.7
收入（元）	687844	33	20843.8	35216	30112	7465
利费	57116	—	—	–999	2195	5321
扣款（本年欠）垫支 三金（元）	69178	28	2470.6	2598	2656	1262
自来水（元）	2808	32	87.8	108	108	36
水费（元）	18585	32	580.8	938	620	386
收割费（元）	22060	33	668.5	1160	920	460
机车服务费（元）	1620	5	324.0	—	1060	—
机耕费（元）	26720	9	2968.9	5199	—	—
清粮费（元）	5371	26	206.6	330	—	—
合计（元）	203444	33	6165.0	9334	7559	7465

项目 \ 职工户	总计	户数（户）	户平均	职工 D	职工 E	职工 F
应发现金（元）	484400	33 *	14678.8	25882	22553	0
贷款 本金（元）	183000	19	9631.6	—	6000	—
贷款 利息（元）	7131	19	375.3		153	
贷款 小计（元）	190131	19	10006.9	0	6153	0
实发现金（元）	294269	33 **	8917.2	25882	16399	0
实发现金占收入的百分比(%)	42.78	—	42.78	73.5	54.46	0

注：本表所涉及的指标只是有款项的指标，平均亩产以及实发现金占收入的比重为作者新加的指标。小麦单价分别为 1.21 元、1.24 元、1.32 元（两户）三种。

*有 2 户是零，记入平均数；**有 3 户是零，记入平均数。

　　总有一些人不能用现金支付"两费"，贷款种地难以避免。贷款要有担保人，要付银行利息。农民贷款难的问题在一些地方很突出，在霍城县也不例外，但团场职工贷款相对要容易。由单位担保贷款，往往是单位给予优惠政策的一种形式，如 2001 年的规章制度就规定，承包面积职均在 100 亩以上的，在保证产品产缴的条件下，单位可以给予出面担保，给予所种作物物化成本 30% ~ 50% 的贷款优惠政策。

　　农业贷款要根据个人资信情况进行评定，原则上，评定计分标准是根据户口、学历、年龄、婚姻状况、在本地居住年限、个人身份（干部或职工）、已承包年限、家庭人均年收入、家庭净资产、投保、负债、信用记录、承包规模、缴费情况、主观印象等内容来定，共 100 分。如有农场户口的 3 分，有有效居留身份的 1 分；已婚的 2 分，未婚的

0 分；中专、高中以上的 2 分，初中以上的 1 分；承包规模在 200 亩以上的 12 分，100~200 亩的 10 分，40~100 亩的 8 分，40 亩以下的 5 分，等等。承包土地越多，贷款的可能性越大。贷款单位是中国农业银行六十一团分行。2003 年 4 月二连一个职工为种地贷款 1 万元，贷款人有 70 平方米的房产，市值 3 万元；180 型拖拉机，市值 1 万元。担保人用一辆 1998 年的 180 型拖拉机、50 亩耕地、10 果园以及房产做担保，同时还要连队领导签字同意。

在二连的报表中，我们看到贷款的名单，全连有 108 户贷款，贷了 167.59 万元，其中 32 户贷 1 万元以下（不含 1 万元），42 户贷 1 万~2 万元，23 户贷 2 万~3 万元，9 户贷 3 万~4 万元，2 户贷 4 万~5 万元，平均每户贷款 1.5 万元。贷款户中通过扣小麦款偿还贷款的有 19 户，付本金 19 万元，利息 7131 元①。

职工欠款（包括贷款及应缴未缴的利费）未及时归还的现象并不少见，团场每年都将还清一定比例的欠款作为团连的一项重要工作。1995 年，为回收职工欠款，团里发文（［1995］21 号）规定，对欠款职工就医及子女上学经费需全额自费。2003 年全团回收往年欠款 823 万元。2004 年全团 15 个连队的职工共欠款 1951.3 万元，其中利费部分占 70.4%，2005 年计划归还 20% 即 390.3 万元。当年二连职工欠款数达到 90.38 万元，其中上缴利费部分占 77.75%，农资等垫支部分占到 22.25%。2005 年计划归还 18.1 万元。

贷款都以支付生产资料（包括化肥、农药、种子、薄膜等）这类实物，而不是现金。而生产资料由团场集中采

---

① 农二连贷款名单。

购、定价，统一销售或作为垫资，2007年二连春播垫付肥料费就达28.81万元。兵团推行农业生产资料集中采购和销售"一票到户"制度。对主要农资的采购以师为单位实行统一招标，集中采购，减少流通环节，销售"一票到户"，确保农资销售不高于同类同质同期产品当地市场价[①]。但对于生产资料的价格是否合适，也常常被职工所质疑。甚至在二连调查时有人说即使自己可以用现金缴纳土地费及生产资料等，也被要求贷款，这可能就是指生产资料的垫付。

表4-6 化肥油料价格

单位：元/公斤

名　称	单　价	名　称	单　价
石化尿素	1.8	硫酸钾	2
美国二铵	3.2	撒可富	2.5
国产二铵	2.8	稳得高	2
云南三料	1.8	柴油0#	5.222
三元素	2.4	汽油90#	5.601

职工M：他（指在场的另一职工）种了44亩地，不到1万元（8089元）地皮费，连里要求贷款1.6万元，这样就会有农资的垫资，所有农资价格比掏钱（在市场）买的还贵。贷款只能给物资，不能拿现金，我们还要付利息。我贷了4万元，一天利息20多元，交产品2个月了，拿不到钱，就没钱还贷，要背利息。如果钱兑现了，可能还会有滞纳金。不愿贷款。

职工家属W：每年都是我们把东西交给团里，团里却

---

① 《兵团党委、兵团关于进一步完善"1+3"文件若干政策的补充意见》，2006年6月15日。

不及时兑现，年初我们向银行贷的款却要每天算利息，直到钱发到我们手中为止。果园地皮费高，一亩果园，前三年也不管你果园有没有挂果，和承包土地大致相同，到了第四年果园地皮费是一亩400元，第五年一亩500元。和地方比起来，收的费用太高了。

团部干部：现在职工的负担太重了。我在团部上班，我妻子在连里包地，承包了20多亩地。去年（2006年）我们种的是麦子，水没有浇好，亩产只有300多公斤，扣除三金等各种费用，我们还倒欠团里的。今年（2007年）种的还是麦子。你说不种麦子，种西红柿或甜菜和玉米，要是收成或价格不好，也是亏损。

职工缴纳订单产品后不能及时拿到钱，其原因在上文我们已经谈过，对于一些职工提到不想贷款及还贷的事，团发改科的齐主任是这样解释的：按制度要求，先交钱（地皮费），后种地，这是兵团大政策。时常出现偷卖东西不交钱的情况。如果不提前交钱，就要上浮费用，要求上浮10%的地皮费，这要比贷款利息还要高些，就是逼他早点交钱。有富余资金的人，先交钱，就不用贷款，不发生利息。钱不够的要贷款。也有的人不想掏现金，亏了会垫付现金。生活困难的人，就愿贷款。团里垫付，就是欠团里的。

在二连承包户往来明细账（2007年）中，记录了每户的账目往来情况，以其中一户为例：4月份贷款，缴生产费用；5月底缴劳务费、种子费；7月初缴土地费、土地使用费；8月1日缴一事一议费。连队一职工说去年（2007年）8月缴的粮，10月领到50%的售粮款，12月领到余下50%款项的80%，过节前才领到剩下的20%。2008年9月20日交粮，到我们调查时的 10 月下旬还没领到钱。

以下是二连一职工家庭 2005 年和 2006 年的生产活动及生产支出。该家庭种了 45.6 亩冬小麦，小麦收割后复播油葵。看得出，这个家庭按规定提前缴纳费用，2005 年 4 月 4 日缴清当年的土地费和水费，2006 年 4 月 18 日缴清当年土地费。生产资料支出也基本自理，种子、化肥、农药等都是当时支付现金，运费、机耕费等多数在小麦钱兑现后支付。7 月 9 日交粮，20 天后领麦子钱，麦子钱中仅扣除了提留款。次日缴清上半年的养老金及还欠的生产支出。但 2006 年小麦款兑现迟了许多，7 月 11 日交小麦，8 月 25 日发应发麦子钱的 45%。

附：职工 X 家 2005 年、2006 年的生产支出及部分收入记录

2005 年的生产支出（45.6 亩冬小麦，小麦收割后复播油葵）

4 月 4 日，缴土地租金费，8089.30 元（土地租赁费），缴水费，400.00 元。

4 月 17 日，买农药（灭草 2.4DJ）5 瓶（每瓶 11.5 元），57.50 元。

4 月 24 日，喝水吃饭（买菜、烟、酒），63.00 元。

5 月 1 日，买农药（大肥旺二氯钾），每袋 2 元，共 20 元。

6 月 3 日，种油葵（3790 元），20 公斤（每公斤 65 元），共 1300 元。

7 月 4 日，收麦子（7 月 11 日付收割费、拉粮费一半，300

元）。

7月6日，播油葵，买专用肥12袋480公斤，每公斤2.4元，1152元。

7月8日，清麦子（买烟一条28.00元），300元。

7月9日，送粮，吃饭28元。

7月29日，领麦子钱33059.71元，交提留1366元，余31391.71元。

7月30日，付养老金1209元（1～6月，父670元，子539元），付送粮运费400元，付××冬翻地600元。

7月31日，付小四轮送粮运费60元，付自留地犁地30元。

8月17日，付耙地播种小麦，700元。

8月18日，进油葵水360元。

10月20日，收油葵，付400元整。

10月24日，付收油葵400元整。

2005年10月22日，买二胺1000公斤，2.96元/公斤，三料800公斤，1.9元/公斤，合计4480元。

10月23日，播种（小麦），买种子，1523元。播肥料，120元

2005年已付

2006年1月16日，付2005年拉小麦130元整（已全付清）。

2006年生产支出（45.6亩冬小麦，收割后复播油葵；两用地种蓖麻）

2006年4月1日，买化肥12袋，948元。

4月2日，春耙化肥15袋，3袋去年买的；付春耙钱70元

4月3~4日，进水

4月8日，犁地（小麦浅翻）[4月9~11日，天气有寒流，冷空气入侵，-3℃~-1℃]

4月12日，上午播种（蓖麻），用种25公斤，深度7公分。

4月18日，上午交土地费8976.24元。

4月20日，上午买矮壮素10瓶（每瓶半公斤，单价5元），50元；买二氰钾一袋20公斤，55元；买2-4丁2瓶，26元；下午打矮壮素。

4月21日，下午天黑前麦地撒化肥20公斤（有雨）。

4月22日，上午麦地撒化肥20公斤（雨），共一袋，79元。

4月27日，中午打2-4丁，2瓶半麦地（蓖麻有零星出苗）；下午进水，28日上午停水。

5月3日，种自留地（5月1~2日雨，3日阴，4日中雨），40元。

5月5日，蓖麻地锄草（6日下雨）。

5月8日，下午锄草。

5月9日，蓖麻地锄草（11日下午完）。

5月12日，麦地打肥料（二氰钾、二氨）。

5月15日，浇水。

5月16~17日，蓖麻地移苗。边移苗边浇水，成活率90%以上。

5月18~20日，除两遍草。

5月30日，浇水。

6月1日，上午买肥料490元（二铵3袋，硫酸钾1袋）。

6月7日，买肥料285元（国产二铵2袋）。

6月9日，买多效唑30元，下午用车打多效唑（瞿×的车，付打药40元）。

6月11日，中午开沟带肥。用肥（二胺2袋，一胺2袋，钾肥1袋，拌后，每亩10公斤）。

6月19日，下午打多效唑（6月多雨，多效唑时打）。

6月20日，买油葵种10公斤，单价53元，共530元。

6月23～24日，浇水（蓖麻第一次用水）。

6月30日，买油布子一张，8米×15米，99.5元。

7月1日，浇水。

7月3日，早晨7点打多效唑。

7月4日，下午9点收麦子。

7月5日，犁地。

7月6日，上午播油葵。

7月11日，下午清粮交粮（六十一团产品检验结算单：交小麦毛重12940公斤，净重9920公斤）。

7月18～19日，浇水。

7月27～28日，浇水。

8月11日，浇水（7月无雨天太热，至8月11日无雨，干热风，蓖麻一串二串都不好，三串不多）。

8月9～16日，摘蓖麻，付70元，共摘230袋蓖麻（用胡×车拉两车）。

8月24～25日，油葵浇第一次水。

8月26～29日，摘蓖麻。共摘40袋（袁×车拉一车）。

9月16日，浇水。

11月3日，中午收油葵（每亩15元）。

11月8日，中午卖油葵，共7172元。

11 月 12 日，买国产二铵 1300 公斤 × 2.85 元 = 3705 元，化肥 1600 公斤 × 2 元 = 3200 元，合 6905 元。已付 3305 元，欠 3600 元。

11 月 21 日，摘完最后一遍蓖麻（2007 年 2 月 16 日卖蓖麻 1200 元）。

11 月 23 日，付收油葵收割费 300 元。

12 月 5 日，领支票 3065.2 元。付王 × 耙地 270 元，蓖麻打药 40 元。

12 月 6 日，付胡 × 播种开沟 600 元。

12 月 8 日，付收麦子钱一半，190 元。

12 月 12 日，付刘 × 犁耙播共 3000 元（支票）。

第三节　农闲工

两工，即劳动积累工和义务工，也称为农闲工。在团场它包括了义务工日和资金积累车工日。土地承包之初义务工被称为"公用工"。1984 年职工每年公用工 50 个，超欠每工日按 3 元计算[1]。1997 年六十一团的《财务管理规定》：农、林、牧单位职工要承担义务工，男性职工每年每人 50 个工日，女性职工 40 个工日。每个义务工值按 6 元计划。个人的农用机械要承担义务工车日，小四轮每台每年承担 5 个义务车工日；55 机车 4 个义务车工日；康拜因 100 个义务工日。每个车工按 4 元一个标准亩单价计算。按标准，小四轮应承担车工额 280 元。两项工日额之和 40% 缴团统筹使用，

①　团发〔1984〕58 号。

60% 留单位支配，其中职工享受的探亲工资在 60% 额（农闲工款）内支付。有民兵军训任务的职工，军训占 5 个义务工日，政治学习占 10 个义务工日，科技学习占 6～10 个义务工日（见图 4-1）。

图 4-1　参加会战去（摄于 2007 年 10 月 28 日）

虽然规定义务工的时间，但经常会出现以资代劳的现象，只收钱不安排活干。2001 年团场领导就要求彻底改变过去的状况①。在六十一团《2001 年经营管理规章制度》中要求，从当年起不再执行义务工先提后用办法，应定项目、定工日，按规定义务工和义务车工日使用范围使用，不得强行以资代劳。如果要求以资代劳或因某种原因不能出劳力的必须由本人提出申请，经单位批准后，可由单位雇佣劳力完成出劳任务。以资代劳雇佣其他劳力完成任务，按一日 15 元计算（一个义务工日＝全团月工资总额/30 天/

① 朱谊星在五届三次职代会上的报告，2001 年 3 月。

全团职工人数）。小四轮每个车工日 105 元，55 机车 420
元，等等。对义务工的时间有所减少：农林单位职工，每
年每人男性 40 个工日，女性 30 个工日。义务车工日根据机
车马力大小承担，如小四轮 5 个义务工。义务工日和义务车
工日使用范围：植树造林，环境整治，防汛，抗灾，农场
道路建设，清淤，大场整理，职工探亲，等等。分别缴团
40％统筹使用，60％留单位支配。承包单独核算的探亲人
员、符合计划生育政策的生育者、残疾人员、现役军人家
属可不同程度地减免义务工。

随着全国农村税费改革工作的推行，兵团的"两工"时
间也在减少。2005 年，六十一团的"两工"时间，男 15 天，
女 10 天，其中团 40％，连 60％。农二连实有职工 281 人，其
中男 163 人，女 118 人，工日共 3625 天。全团实有职工 3097
人，工日 13330 天。农机工日，链式每台 2 个工作日，轮式
（铁牛 55）每台 3 个工作日，小四轮 1 个工作日，农二连共
33 个农机车工日。

农二连职工 X 给我们提供了 2005 年、2006 年他家（两
个职工）义务工的情况。2005 年，X 家出农闲工 15 天，25
人次，主要用于植树、清扫垃圾、修路、测产，也包括一些
文娱活动，比如拔河，以鼓励职工参加集体活动。有的 1 人
次算 2 个义务工甚至 3 个义务工，如拔河 1 人算 3 个义务工。
没有写明的如果都以 1 日 1 人 1 工来算，共 38 个义务工。
2006 年，有 9 天农闲工，工作内容是卸大米、清除垃圾、清
渠、植树、架桥、清渠、测户，10 人次，16 个义务工。

附：2005 年、2006 年职工 X 家的两工情况

2005 年 3 月 3 日，2 人上山植树（吊死干）。

3 月 22 日，2 人清渠；

3 月 23 日，1 人到霍植树，2 个工；

5 月 21 日，2 人（下午）清扫连队垃圾；

5 月 22 日，2 人（一天）清扫垃圾；

5 月 23 日，2 人（上午）清 U 形渠；

6 月 8 日，×××修果行，2 人；

6 月 16 日，1 人修×××门前桥板；

6 月 25 日，2 人清渠道（6 个工，每人 3 个）；

7 人 2 日，早上连队拔河 1 人（3 个）；

8 月 23 日，早上清渠 2 人（4 个工）；

8 月 31 日，2 人×××测秋产；

9 月 1 日，××测产；

11 月 19 日，上山植树（挖坑），2 人，4 个工；

11 月 12 日，上山植树，1 人，3 个工。

2006 年1 月 2 日，卸大米，1 人，2 个工；

3 月 6 日，清除垃圾（装车），1 人，2 个工；

3 月 22 日，清渠道（四班），2 人；

3 月 27 日，植树（四班），1 人（水工连大会战）；

3 月 31 日，卸树（植树），1 人，5 个工；

5 月 25 日，三连架桥，1 人；

6 月 20 日，测户，1 人；

6 月 21 日，测户，1 人；

7 月 12 日，清渠道（四班），1 人，一天。

近两年在政策上逐渐取消"两工"，村民普遍受益的公共基础设施建设等以"一事一议"筹劳替代，但由于多年习惯，一般仍将"一事一议"称为"两工"或"义务工"、"农闲工"。根据 2007 年的《六十一团企业经营管理章程》，2007 年团场不再直接下达义务工任务，连队植树造林、环境治理、道路建设、修建公共设施、水利基本建设、农渠清理、晒场修建平整等项目实行一事一议，由连队生产经营管理委员会讨论决定。如遇到特大防洪、抢险、抗灾等紧急任务，经团党委办公会议批准可临时动用劳动力。除特大防洪、抢险、抗灾等任务外，其他任务劳均年最高不得超过男劳力 10 个，女劳力 5 个标准工日，每台车不超过 2 个义务车工日。对不愿出劳或出车工者，扣一罚一，对紧急任务不愿出劳，扣一罚五。义务工每个工值按 30 元计算，每个车工日小四轮按 105 元、55（大马力）机车按 420 元、链式机车按 630 元计算。符合计划生育规定的女职工孕期、哺乳期不承担义务工，义务兵军人亲属一人一年不承担义务。2007 年通过的农二连连规民约中的第 16 条就规定：农闲工，一切以大会战形式开展的活动，连队职工必须按所在条田进行义务劳动，无正常理由拒绝参加劳动者，经连管会确实后，张榜公布，并处以 100 元罚款。

团发改科齐主任：农闲工已经取消，提出一事一议，搞社会事业、公益性事业。一般一年不超过 5~10 个工，要求参加，如果不去，要求扣一罚一，但连队一般都没有这么做。有部分职工就不去，不要求就更不去了。有的单位，年初说，修渠、植树等需要多少工，折成钱（交到连里），有的职工不在，或没地，所以就按地算，干活后要返还。有的交的多，返的少，地多的出工少，可能返的钱还到别人即地少的人身上。这笔钱是由连里支配。有可能不够，或没干节余下来，可能明年还要用。单位应该对一事一议的钱张榜公布。农闲工是（20）03 年税费改革时取消的。（20）03 年时要求减轻农民负担，农业税取消了，屠宰税也取消了。

在二连的调查得知，义务工收费的方式是，开春缴土地费时将"一事一议"钱摊入承包地中按面积扣除，年底根据出工情况退回，出工不足则将余钱作为请人代出工的钱扣除。2007 年 1 个工 10 元，在《2007 年农二连保险费及一事一议汇总表》中，列入表内的共 214 户，缴纳一事一议费 10.25 万元，其中最低的 94.3 元（1 户），最高的 3144 元（1 户），一般都为数百元。有职工反映缴的多，安排的工少，自然都出工不足，实际上等于收钱多没干那么多事。尤其是一些承包土地较多的家庭，按土地亩数交钱，以职工人数出工，返还的钱自然少，觉得自己吃了亏。

职工 M：我种了 100 多亩地，（义务工）干不到 10 天。没有活让我干。3 年都没有兑现过（义务工钱），像打白条。一次不去，就罚款 100 元，不知道钱去哪（儿）了。干活的人也没有。

职工家属 W：每年开春收地皮费时，团里就把钱扣掉了，说是我们出一个义务工或农闲工连里就给我们发 10 元钱。但是每年我们根本干不了这么多钱的工，剩余的钱都给连队干部拿走了，下一年还得扣钱。不过，这几年我们干的农闲工和义务工都没有发钱，只是记了个账。

第四节 个人缴纳社会统筹

下文是六十一团 2003 年 10 月的《就业再就业工作汇报材料》中的一段，提到团场遇到的三大问题。

第一，缴纳社会保险金数目较大，负担较重。据统计，二零零三年全年全团缴纳社会保险金为1792万元，占团场年初确定财务收支计划中支出计划的75%，平均每一个职工承担社会保险费为4113元。平均每一个职工承担的社会统筹金（工资总额的23.7%）为3066.4元。

第二，国家财政补助收入甚微，团场难以用足够资金进行基础设施建设和公益事业支出。按照农牧团场预算收入计算资金来源，国家财政补助收入共有八项（基建支出、农场事业费、行政管理费、教育经费、民兵事业费、社会保险基金补助收入、财政扶贫资金、其他补助收入），但六十一团每年能够得到财政补助收入的资金仅仅为634.98万元（主要是危房改造286万元、民兵事业费6.48万元、社会保险基金补助收入7.3万元、边境农场事业费298万元等）。因此，是否在"农场事业费"和"民兵事业费"中再给予更多的财政补助。

第三，职工承担的费用过多，人均收入水平不高。农牧团场职工通过农作物种植和动物的养殖，职均收入水平从静态上看还是可以的，但如果按照人均收入计算，二零零三年人均收入也只有4617元。差距关键在于承担的费用过多。六十一团每一个职工承担十项费用（养老统筹金、工伤保险金、生育保险金、失业保险金、医疗保险金、工资附加费、连队管理费、团场管理费、卫生教育事业费、其他费用、民兵经费支出等），减除国家补贴边境事业费，每一个生产工人一年平均负担6825.04元[1]。

---

① 《农四师六十一团就业与再就业及社区工作情况汇报》，2003年10月。

其中指出，2003 年六十一团一年平均每个生产工人负担 6825.04 元，平均每职工承担社会保险费 4113 元、社会统筹金（工资总额的 23.7%）3066.4 元，而当年的人均收入也只有 4617 元。表 4-7 是根据农二连职工 X 的家庭收支记账本计算的 X 家 2006 年的生产收支及三金缴纳的情况。X 家 5 口人，2 个在职职工，当年种 45.6 亩地（包括两用地）。从表上看，一年种植业及打工收入 4.16 万元，生产支出、土地费和两个职工的养老金（个人缴纳部分）就占收入的 64.5%，能用于家庭生活的 1.48 万元，如果不是家中还有一个人的退休工资（年收入 2 万），生活就很拮据。职工负担的沉重可见一斑，同时，养老金在家庭生活中的作用也很明显。

表 4-7 2006 年职工 X 家的生产收支及三金缴纳情况

收入（元）			支出（元）				支出占收入的百分比（%）
农业生产	打工	小计	生产支出	土地费	三金（个人缴）	小计	
39004	2644	41648	15024.7	8976.24	2875.08	26876.02	64.5

前文所提到的三大问题，其中两大问题都提到职工缴纳社会保险过高。表 4-8 是兵团农牧一线职工承担的社会保险费用的比例，包括了个人单独缴纳的三金和包含在土地费中的五项保险、三项费用，共占到档案工资的 51.5%。如果是一家两个职工，档案工资均为每月 891 元（在农二连人数最多，数额相对较低），一年仅职工自身受益部分就要支出 1.1 万元。如果两个职工承包身份地 43 亩，每亩地毛收入 1000 元，每年缴纳社会保险及三项费用就占到收入的 1/4。

表 4 - 8　农牧一线职工承担的自身收益费用 *

项目 类别	个人缴纳部分 （即三金）（%）	团场缴纳部分 （在土地费中扣除）（%）	例：职工家庭年 支付（元）**
社会保险			
养老	8	20	5987.5
医疗	2	8	2138.4
失业	1	2	641.5
工伤	—	0.5	106.9
生育	—	0.5	106.9
小　　计	11	31	8981.3
三项费用			
福利费	—	6	1283
职教费	—	1.5	320.8
工会费	—	2	427.7
小　　计		9.5	2031.5
合　　计	51.5		11012.76

*百分比为占职工档案工资的比重；＊＊一家两个职工，以档案工资 891 元／人／月计算。

　　社会保险数额如此高，是因为个人缴纳部分（三金）和社会统筹部分都被视为属于职工个人受益，需要职工个人承担，其中社会统筹部分又是大头，占到档案工资的 40.5%。而在一般的企业，企业缴纳的社会统筹部分应该是从企业赢利里扣除的。兵团除农牧一线职工外，有工资收入的干部、职工，企业缴纳部分主要是由企业承担而不是个人承担的。因此，"3＋1"文件中强调："各师、团要注意体现社会保障的公平性，尽快改变目前生产一线职工与机关事业单位人员社保缴费差距过大的状况。"[1] 由于完全是自己支付社会保险，许多职工对档案工资是否提升并不关心，甚至有人担心提高了档案工资会缴费更多，而不愿去参加技术等级考试。

---

[1] 《新疆生产建设兵团关于深化团场改革的意见》，2004 年 11 月 19 日。

二连干部 T 说：有技术等级的可以直接提工资。最低的按 890
元缴养老金，最高的 1200、1300 元，基本就是（19）27、
（19）28 年的工龄的档案工资。刚批上职工的人档案工资 700
多元。可见档案工资的提高是很慢的。

　　团场养老保险基金提取是从 1992 年 10 月开始，分为
1986 年 10 月以后参加工作的合同制工人和以前参加工作的固
定工两类。固定工的比例按工资总额的 2% 提取养老金，合同
制工人由本人缴纳 3%，企业缴纳 15%，合计 18% 提取基本
养老金。1996 年 1 月，兵团为职工建立个人养老金账户，把
固定职工和合同职工合并为全员劳动制工人，统一缴费比例
为个人 3%，企业 15%。2005 年个人缴纳"三金"10%：养
老金 7%、医疗金 2%、失业金 1%，还有大额医疗费（2005
年全团 25.93 万元）。2007 年"三金"为 11%，企业缴纳部
分随之下降，但这对多数连队职工影响并不大，因为两类费
用都是由他们自己缴纳。有部分不种地、离开农牧一线的职
工，只缴纳个人的"三金"，不承担企业统筹部分，是真正沾
了企业的光。按规定，职工承包的"三金"必须按规定足额缴
纳，否则按自动放弃社会保障自理，不能享受相应的社会保险
待遇。个人缴纳的社会保险五项统筹费，不记入土地承包费，
由职工直接缴纳或在年终分配兑现时由团场代扣代缴①。

　　团场为何不能给连队职工支付社会统筹部分？显然，
六十一团这样的生产产值主要来自农业生产的团场，效益
主要来自于职工利费的回收。团场要保持各项经济社会事
业的进行，要承担企业生产、社会管理、科教文卫等各项

① 华士飞同志在兵团税费改革工作总结及安排今年土地承包工作电视电话会
议上的讲话，2007 年 3 月 2 日。

111

事业正常运转的多重责任,团还要向师上缴利润,师向兵团上缴利润,自身积累有限使其难以承受职工的社会统筹部分。2004年,全团年度预算收入3949万元,其中财政拨款56.9%(主要用于基础设施建设、生产、教育和社保等),自有财力收入41.8%(1650万元),自有财力收入中的国有资产经营收益为1509万元。在年度支出的3949万元中,行政管理费381万元,上缴利润108万元,而用于老干工资(182万元)、老干医疗经费支出(61万元)、离休经费支出(32万元)、社会保障支出(976万元)等方面共1251万元,占总支出的31.7%①。

兵团沉重的养老负担,也促使职工的这种缴费水平居高不下。截至2003年,兵团离退休人员达到45.65万人,相当于在职职工总数的66.67%,并且每年有2万人左右进入退休年龄,这种现象将持续到"十一五"期末②。2005年,六十一团退休人员达2716人,与在职职工的比例为1:1.7。在六十一团,每年上缴给师里的社会保险费并不够支付当年的社会保险。从表4-9可以看出,社保资金团上缴与师下拨的缺口在连年上升,其中主要是养老金上的缺口在上升,而在工伤保险、生育保险、医疗保险方面都是缴的多,返的少,失业保险只有上缴没有返还。可以说,养老对兵团是一个沉重负担,主要又由在职的农牧一线职工担负,他们为自己未来缴纳的钱正在用于现在的离退职工、也是他们父辈的养老金。

---

① 《关于六十一团2004年预算执行情况和2005年预算安排情况的报告》。
② 王淑云等:《兵团人力资源开发问题与对策》,2006年兵团人口理论研究会论文。

表 4-9　六十一团社保资金运转情况

单位：万元

项目	类别	2001 年 上缴	2001 年 师拨	2005 年 上缴	2005 年 师拨	2006 年 上缴	2006 年 师拨
养老金	企　业	708.4		902.47		694.21	
	个　人	157.81		282.19		388.74	
	个体户	10.97	1494.61	58.49	2120.59	57.94	2499.08
	小　计	877.18		1243.15		1140.89	
工伤保险	企　业	10.72	1.17	6.94	3.47	6.94	3.82
生育保险	企　业	16.09	9.51	13.88	10.27	13.88	11.91
失业保险	企　业			48.59		48.59	
	个　人			40.31		48.6	
	个体户	81.56		0.096	0		0
	小　计			89		97.2	
医疗保险及个人大额医疗费等	企　业	128.55		277.68		277.68	
	个　人	47.61	54.65	106.57	275.8	97.48	369.22
	个体户			1.12		0.71	
	小　计	176.16		385.37		375.87	
老干非统筹金						5.47	
合　计		1161.71	1559.94	1738.35	2598.17	1668.13	2884.04
师拨与上缴的差值		398.23		859.82		1215.91	

数据来源：《六十一团社保资金运转情况明细表》。

农二连干部座谈会：职工缴自身受益部分，缴到连队，钱在团里的账上，连里只管做账。团里给师里缴，师里再返还。社会统筹是以师为单位。我团缴的少，返的多。1400万上缴到师里，返还1900万。五项统筹、三项费用没收够，要占到工资总额的 51.5%，一亩地平均 228 元才能自身受益。我们团没收够，因为减负政策。

团发改科齐主任：全团在职职工 4700 多人。退休职工

113

2900多。全师统筹退休金。每年上缴1800万元，企业应承担1400万，从土地费里出，个人承担400万，缴三金。每月15号团里把150多万缴到师里，打到个人账户上去，25号退休工人的工资打回来。职工少，退休比例高的，返还的也多。从以后发展看，团里出生率在9%左右，死亡率4.5%，退休职工人数还会增加，企业的养老负担会增加。兵团中最吸引人的地方是养老，地方最看重（养老）。退休工人有自己养老金，不要儿女供养，节假日儿女到老人处去吃喝。兵团一代养一代，现在职工缴的钱，打到个人账户，也是缴了退休工资，以后会一代代往下拿。兵团的财政体制，不可能与地区统筹。兵团与地方差别最大的，年轻人的钱都缴了养老金，也是一种社会积累。年轻人的心态，宁肯现在少缴一点，也不愿档案工资上涨。

虽然年轻人是在为自己的未来缴纳社保费用，但正如我们上文所看到的，由于缴费比例很大，农牧一线职工普遍感到缴费太高，压力太大，负担太重，而退休对很多人来说还是遥远的未来。有人说，快退休的人缴费当然积极，他们很快就能享受到，而年轻人还要缴费20年、30年，以后的事情谁知道？

青年职工X：我们还是初级工，不敢考中级工，怕缴得多。我父亲，缴养老金1664.8元，他明年退休后拿到全疆平均工资的80%。我们要一直缴下去，2005年缴了1095元，现在逐步在上涨。我不知道我的基本工资，还要缴几十年的时间。

团部某干部（其妻在包地）：你说我们缴这么多钱，还不是指望以后干不动了有个养老金。不过话又说回来了，现在有的农村人老了，政府也给他们发放养老金。假如以后，地方上的农民也有养老金，而且是政府给免费发的，我们现在还上缴这么多钱，会不会吃亏了啊？

同时，还有不少年轻人希望进入兵团职工队伍，种一份地，给自己缴纳一份保险作为未来的保障。当他们终于成为职工了，也体验到负担沉重。如何减少兵团职工的社保负担问题迫切需要得到重视。

这几年，兵团年年强调减负，而且的确也有不少成效。2001 年，全兵团通过核减上缴指标让利、减免亏损挂账、降低服务性收费、精减干部及非生产人员、降低管理费用等措施总计减负 5 亿元，其中取消不合理负担费用 4404 万元，减费让利 4.6 亿元，承包职工职均减负 1541 元[①]。2005 年六十一团直接为群众减免各种利费 206.51 万元，平均为每个农牧职工减负 543.94 元[②]。2006 年为承包职工减负 103 万元，税费改革师里分配资金 297 万元，全部补给职工，职均补助 751.56 元。

减负主要减的是三项费用部分，职工自身受益部分以及三金的费用应上缴的比例基本都没有什么变化：工会费、职教费在"十一五"期间维持 2005 年的标准不变，其余随工资总额的变动而变动。取消的是团场办社会费用中的一部分，如义务教育、民兵训练、计划生育、优抚等税费都由兵团统筹，不用职工缴纳。同时，各级管理机构通过精简人员、核定车辆等经费来减少团、连的管理费用。职工的利益主要通过增产实现，通过自营经济实现，而团场需要主要来自于大宗农产品的加工和经营上的经营利润，以

①　新疆生产建设兵团网站，《兵团经济·经济体制改革》。
②　2005 年六十一团职代会报告。

保障团场的运转①。这几年，中央、兵团对团场有不少资金支持，并且逐年在增大，但团场的运转还是主要依赖职工上缴的利费以及经营所得。如2004年六十一团财政拨款的2248万，主要是退耕还林、危房改造、小型农田水利、草原防火、社会保险补贴、远程教育补贴、天然林保护、防沙治沙、中小学经费补助、免教科书费、退离休补贴等费用。一些职工可以享受到的利益也用于缴纳养老金和土地费了。2005年农二连危房改造款应给14人发放14.68万元，实际发放时扣了8人的款，共4.11万元，主要是扣除未缴的养老金、土地费，实发10.57万元。

发改科齐主任：全团拿工资的机关、连队干部120多人，事业单位（学校、医院等）、青年连全部共800多人。团里每年管理费用要400多万，加上工资，大约要800多万，还不包括上面对学校、医院的补贴。团里财政自负盈亏，运转要2600万，包括各方面的开支，不包括补贴部分，如果亏了，就只能以丰补歉。六十一团的资金周转基本平衡，自收自支，基本都可以保证，效益好，流动资金就宽裕点。效益好的团有上缴指标。六十一团有，财务上缴60万给师里，这是经营过程中创收所得。以前缴200万，去年（2006年）税制改革以后降到60万，今年（2007年）维持这个数。每年团里有项目，专项经费，如新型团场建设、人畜饮水工程等，上面拨钱，团里还要自筹。国家对团一级单位的补助并没有多少，社会事业这块到团基本就没了。

如表4-10所示，没有大宗农产品加工或经营的连队也

---

① 参考华士飞同志在兵团税费改革工作总结及安排今年土地承包工作电视电话会议上的讲话，2007年3月2日。

是有利润的。2005 年，二连计划利润为 47.06 万元，当年有职工 306 人，有耕地与果园 9080 亩，如果不计非职工包地以及自营经济部分，那么每个职工要创利润 1537.9 元，每亩地要创利润 51.8 元。而且，如我们前面提到的，在两费自理、订单产品收购、贷款购买农资等方面或多或少地存在生产费用由于连、团的中间过程而导致事实上的增加。

表 4－10　2005 年农二连财务指标汇总

单位：万元

项目 单位	计划收入				
	农业土地费	园林土地费	欠款回收利润	主营业收入	收入合计
二　　连	121.27	40.11	14.06	—	175.43
六十一团	982.74	464.52	274.68	2514.87	4236.81
项目 单位	支出数				
	六项费用	单位管理费	其他支出	支出合计	计划利润
二　　连	116.17	12.02	—	128.37	47.06
六十一团	1776.81	613.87	1728.42	4119.11	117.71

注：数据来源于六十一团计财科报表。

我们可以简单地算一笔账，一亩地的支出与收益情况如下。

生产支出，调查中有人给我们列举了这样一笔账：一亩地机耕 45 元，种子 42 元，水费 32 元，化肥 132 元，农药 10 元，承包费 200 元，收割费 19 元，合 480 元。也有人说一亩小麦地成本 600 元，有的人家仅水费每亩就 60～70 元。小麦按每亩收 400～500 公斤、单价 1.48 元（加了粮补）计，每亩可收入 590～740 元，如果复播油葵，还可提高 160 元左右，合计 750～900 元。也就是说，一亩小麦成本支出占其收入的 53%～64%（以每亩成本 478 元计算）或 67%～80%（以每亩成本 600 元计算）。

2006 年职工 X 种植 45.6 亩地，承包地种小麦，复播油葵，两用地种蓖麻，平均每亩地种子 45 元，化肥 138 元，农机（耕、耙、打药、播、收等）102 元，水费 35 元，农药 4 元，戈壁费 2 元，人工费 1.5 元，合计 327.5 元。土地费 197 元（总数按亩平均），共计 524.5 元。再加上农业保险（13.5 元/亩）、班长补贴（0.5 元/亩）、植保费（0.5 元/亩）、农闲工（10 元/亩），共 549 元。当年农作物平均每亩收入 855 元。也就是说，种每亩地必须支出与缴纳的费用占其收入的 64%，一亩地的收入个人实际可以得到的只有 306 元。再考虑到个人必须缴纳的"三金"部分（X 家当年缴 2875 元，如果也平均到土地上则为每亩 63 元），如果没有打工收入、工资收入，全家 5 口人生活将极为拮据。

总之，在收入分配方面，农牧一线职工处于完全的弱势地位，他们中的不少人在为自己未来买单的同时，并没有心存希望和感激，而是有所担忧和抱怨，因为目前的支出与收入存在不平衡的状况。团场需要国家的支持，职工也应该有真正的实惠。

第五章　社会生活

第一节　文化与教育

一　文化

　　连队不似一般乡村，有着长久的传统文化积累和各类仪式表达习惯。连队的文化活动主要来自管理者有意识的组织、动员，国家主流文化表现充分，民间文化色彩极为淡漠，组织者在活动形式及活动内容等方面也有更多的形式化意味。每年的元旦、春节、三八、五四、国庆，连队组织职工开展文体活动，旨在活跃职工业余生活，也增加连队凝聚力。如2006年，农二连开展的文体活动有：（1）1月1日元旦庆祝活动，有130多人参加。连队买了糖、瓜子、小奖品，进行游戏活动，如击鼓传花、抢凳子、踩气球、唱歌等，还有简单小知识问答，回答者发给小奖品。（2）1月19日春节庆祝活动，有142人参加。连队全体干部到连队组织连队职工群众、退休工人举行迎春节晚会，老年人表演自编自导的舞蹈，并举办舞会。（3）3月7日庆"三八"妇女节，有20人参加。连队女工委、妇联组织参加团工会举办的健美操比赛，被评为二等奖。（4）5月4日庆"五四"青年节活动，有60人参加。连队组织青年职工和待业青年座谈会，后又给青年讲各种农林知识及小游戏，晚上在连队俱乐部举办舞会。（5）10月1日庆祝"国庆节"，有87人参加。个人演唱歌曲、小游戏，退休女职工表演舞蹈，晚上举办舞会。

作为小康连队，农二连还是"文明生态连队"项目单位之一，在连队文体设施等硬件建设方面投入力度较大。2006年，投资3万多元，在营区种植白蜡树1700多棵；投资4.7万元，建成面积为100平方米的卫生公厕；投资6900元在营区建垃圾池20个；投资7.6万元，建起了面积为120平方米的连队文化活动室、篮球场和老年门球场；投资3.5万元建起了职工休闲广场，安装了户外健身器。据说夏天的傍晚在连部门前草坪上散步、健身的人不少，我们去时已深秋，凉意正浓，太阳正好时也只有零星的人路过，只是周末的下午学生们从团部回来，健身器前有了许多生气。在连队，党支部还计划筹建一座电教室，配置一套电视机、VCD和音响设备，搞好连队文化活动中心建设，以减少冬季农闲打麻将、赌博现象的发生，促进连队稳定（见图5-1）。

连队职工的平均受教育水平比邻近乡村农民的要高，读书读报看新闻，关心国家大事、世界大事的人不少。在一位退休老职工家中，笔者听到两位70岁左右的老人聊天，内容是关于政府出台的廉租房政策以及山西省开发了能产50亿吨煤的煤矿，认为这是两个好消息（见图5-2）。

图 5 – 1　快乐（摄于 2007 年 10 月 27 日）

图 5 – 2　悠闲的老人（摄于 2007 年 10 月 27 日）

　　农闲时间职工的业余生活还是较单调。尤其是老年退休职工，有退休工资，子女一般都不在身边，生活相对悠闲，有的带带幼小的孙子。连部附近的几家小商店成为老年人聚集的场所，打麻将、打牌、聊天，这也是连队非正规的信息传播中心（见图 5 – 3），连队内的许多事情，包括家长里短之事，就是在这样打牌（见图5-4）、打麻将的场合被咀嚼、品味、传送。打牌及打麻将，是职工业余生活的一个重要内容。

图5-3 商店前的交流（摄于2007年10月29日）

图5-4 玩牌（摄于2007年10月24日）

看电视是家庭文化活动的一个重要内容。绝大部分家庭中都有电视，多为彩色电视机。1995 年六十一团有线电视网络正式开通，可收看 10 套电视节目。现在二连 90% 的家庭接通了有线电视。在问卷调查中，48 人中的 42 人（87.5%）表示喜欢看电视，喜欢但不经常看的 5 人，不喜欢也很少看的 1 人。不经常看的原因不外乎电视节目不好看，没意思或者是没时间看。喜欢看的人中，最多是看新闻节目（40 人，占 85%），其次是电影、电视剧（25 人）和农林科普类节目（19 人）。

信仰生活也是文化的一部分。六十一团少数民族集中的连队，如园林四连，有清真寺，职工可自由参加伊斯兰教礼拜活动。兵团社会控制较严格，职工组织性、纪律性较强，宗教的影响力是相对较弱的，几乎没有人信奉传统的佛教、道教。但近 10 多年，兵团汉族人口中信奉基督教的人数也在增多，其中以老年妇女为主。兵团职工信教者一般都没有公共礼拜场所，个人在自己家中进行礼拜活动不被干预。二连有少数人信仰基督教。据连队干部说有十来个人登记信教，都是没文化的退休妇女，如五六十岁的老太太。在问卷调查中，有 32 个被调查者回答了信教是否有自由的问题，认为有信教自由的 18 人（占 56%），认为没有的 4 人（占 12.5%），10 人表示说不清。

二 教育

兵团从建立之初就对教育非常重视，从内地吸收了大量受过高等教育的知识分子，不少人名校毕业，承担起各行各业的科技发展工作以及各类学校的教学工作及职工培训工作。职工的文化程度也相对较高①，对子女的教育极为重视。目前兵团职工平均受教育程度在 9 年以上，2010 年要求达到 10.5 年以上。在六十一团能够获得职工身份最低也是初中文化程度以上，职工子女在中小学阶段失学、辍学的现象极少。接受我们问卷调查的 50 人中，在 30~39 岁年龄段，高中生占 1/4，初中生占一半，大专生占 10.7%，中专生占 7.1%。60 岁以上的 8 人中，6 人是初中文化，1 人小学文化，1 人文盲。

在六十一团，目前只有 3 所学校，有团部的团中学（汉语授课）、园林四连（小麻扎）的尼加提中学（维吾尔语授课）、畜牧连的哈萨克学校（哈萨克语授课）。学校皆为小学、中学一体，没有高中，高中学生多在位于伊宁市的农四师中学（完全中学）就读。二连现在没有学校，过去也曾经有过。1966 年，按照"就近就读"的办学原则，二连开办了简校，学生可以就近上学。1970 年又开办了初中班。1991 年，由于学生人数减少，实行集中办学，部分连队简校集中，附近几个连队的学校集中到了二连简校。从 1994 年起，全团上汉校的小学生集中到了团中学就读（见图 5-5）。哈语学校一度也曾设在二连。1963 年，为解决哈萨克族子女的就学问题，二连办起了十三团哈萨克语学校。学校仅有 2 名教师，32 名学生。至 1968 年，学校已

①　据研究，"五普"统计显示，全国文盲率平均为 6.7%，自治区为 5.6%，而兵团为 7.47%，其中团场为 10.9%。外省流入的劳动力文化水平普遍较低。据 2003 年抽样调查，新职工中文盲占 15%，小学和初中文化程度的占 80%，高中和大专以上文化程度的约占 5.5%，其中大专学历的不足 0.5%。（王淑云等：《兵团人力资源开发问题与对策》），但在六十一团，外来的新增职工数量有限，而且要求文化程度在初中以上，故职工文化水平相对较高。

发展为有一至五年级学生 55 人，1970 年学校迁址到畜牧连
（见图 5 - 6）。

图 5 - 5　团中学（摄于 2007 年 10 月 25 日）

图 5 - 6　团中学的运动场所（摄于 2007 年 10 月 25 日）

　　团中学距二连近 10 公里，虽然道路通畅，但学生们天
天来回跑还是较困难，尤其是小学生。团中学设有宿舍，
学校统计全校家庭所在单位离校较远的学生共有 774 人，有
252 人住校，522 人借宿或跑校。住校生每周末回家。农二

连住校生有41人，借宿或跑校生有51人（见表5－1）。小学生住校生相对较少，家长担心年幼的孩子住校生活自理能力不足，不适应学校的伙食，故宁愿让孩子在亲戚家借宿，或请老师代为照管。一些家长或者退休了的爷爷奶奶在团部买房，以方便孩子的上学。只要有可能，家长们就尽力给孩子创造好的学习环境和生活条件（见图5－7）。

表5－1　农二连在团中学住校生、借宿生及跑校生情况

单位：人

人数 类别	住校生			借宿生及跑校生		
	小学人数	初中人数	小计	小学人数	初中人数	小计
农二连	25	16	41	38	13	51
团中学合计	151	101	252	361	161	522

图5－7　骑车上学的孩子（摄于2007年10月25日）

根据有关规定，中小学生上学的杂费并不高。六十一团的学校已落实农村义务教育"两免一补"政策，对绝大部分在校学生免书本费和杂费，部分学生补住宿费（见表5－2）。据说一年级的学生只交26元考试卷费。但由于住

校或借宿，连队孩子上学的成本就很高了。2006年家庭生活支出调查中，有33人填写家庭教育支出一栏，户均支出4189元，中位数为2000元，其中少的100元，多的2.5万元，30%在500元以下，24.5%为1000～2000元。多数家庭只有一个孩子上学，而且相当部分是中小学生。即使这些数字有高估的可能性，也反映出上学费用对于家庭的负担是很重的。由于兵团职工一向重视教育，很多人认为这是孩子离开团场、不当农民的一个最有效的途径，因此，他们把家庭的希望寄托在孩子身上，将家庭收入中的相当部分用于支付孩子上学的各种费用，并接受了这样的现实。在调查中，我们听到的职工们因孩子上学费用太高而发出的抱怨声并不多。

表5-2 六十一团学校义务教育"两免一补"学生资助情况

年份与学校	类别	免费教科书		免杂费		补住宿费	
		人数（人）	经费（元）	人数（人）	经费（元）	人数（人）	经费（元）
2006	小学	924	37888.53	1105	42020	—	7680
	中学	583	34547.39	600	28680	—	11520
	合计	1507	72435.9	1705	70700	—	19200
2007	小学	1088	53410.56	1128	43080	23	2300
	中学	609	45410.24	592	28220	18	2200
	合计	1697	98820.8	1720	71300	41	4500

数据来源：团教育科2006年3月20日、2007年6月7日报表。

一职工家属：子女上学困难，花费大。娃娃现在一读小学就开始住校，每学期住宿费、伙食费是680元，这还不包括其他费用。初中的可以跑校，但人数很少，大部分也是住在学校里。有钱的职工就把孩子寄宿在老师家里，由老师负责照管，每学期得花 2000 多元。学校的伙食极差，孩子回来说吃不到肉。每星期六和星期天，孩子回家，我们都要买肉给他们改善伙食。娃娃住校的原因：一是距离学校远。农二连到团部有 8 公里多，冬天冷，来回骑自行车不方便，再加上公路上车多，也危险。二是一到开春农忙时节，也管不上娃娃，只有住在学校才好一点。过去团里配备了校车星期六接送娃娃，现在也取消了。

职工 X：我的孩子上小学二年级，放老师家，在团部。老师管孩子的学习、生活。一学期给老师 1500 元，一年 3000 元。三年级以上的一学期 2700 元，一年就 5400 元。

连干部 D：我的女儿在伊宁上高中，一学期学费 1000 多元，住宿费 300 元，生活费每月 300 元，另外还给钱买东西。到伊宁上高中的孩子成绩好，成绩不好的到六十二团或其他学校，学习费用也要 5000 元，交跨学区费。学习好的不交钱。连里中小学生上学也住校，有亲属在团里的，亲属管。这两年，老师办辅导班，一人带两三个学生。周五接回来，周六、周日接送。家长不忙就自己接送，也有包车接送学生（的）。

学校的孩子每年都有勤工俭学的任务，除了锻炼学生的目的外，学校可以由此得到一些收入，同时勤工俭学之时也是连队生产急需人手的时候，学校组织学生劳动也是帮助职工生产。

退休职工 G：勤工俭学时间太多，8 月 20 号开学，至今（10 月下旬）就上了一个多星期课，老去干活，不干就扣 20 元，才挣几元钱。三年级扒包谷皮，不能请假，干的太多了。现在赶课，礼拜六都上课。学生摘西红柿，一天不到 20 元，西红柿都烂了、臭了。孩子劳动自己带饭，喝凉水。

连队里有学前教育。1991 年团中学办起学前班，1994 年开始在 8 个连队办起学前班，农二连的学前班就从这时开始的，只有十多个孩子。2001 年的收费标准为，全团托儿所、幼儿班统一，大班每人每月 20 元；中班 25 元，小班 30 元。2004 年全团的学前教育由团中心幼儿园以及 7 个基层连队教学点承担，共有 430 个幼儿，教师 10 名。农二连职工也有把孩子送到条件更好的团部在上学前班。职工 C 儿子 5 岁，在团部上学前班，自述一年学费 700 元（见图 5 - 6）。

图 5 - 8　帮妈妈劳动（摄于 2007 年 10 月 25 日）

三　职工培训

对职工进行农业科技培训、职业技术培训也是团场教育工作的一个重要内容。为全面提高职工队伍素质，团场在 2002 年成立职工业余技校，要把全团男 45 岁以下、女 40 岁以下的一线职工和新增劳动力全部纳入学员管理，按连队分班级造册登记，利用冬闲时机进行理论学习，春、夏、秋进行技能操作实习，使一线职工不出连队，就能学习，方便职工。每年规定一定数量的职工经过理论和技能培训，考核合格后拿到由兵团和师统一发给的《职业资格证书》和《上岗资格证书》。2003 年规定了培训一线职工262 人、物业管理 21 人、其他工种 6 人、新增劳动力 348人的任务。对于团场未能继续升学的初、高中毕业生和其他求职者 511 人进行了岗前培训，实行先培训后上岗的就业准入制度。当年团里技术工人持证率为 67.9%[①]。

每年的科技之冬，团里都会请专家进行农业技术方面的培训，各连派职工到团里参加。培训内容主要包括种植业（如小麦、制种玉米的种植）、园林（如果树修剪、套袋技术）、畜牧、农机等方面。2007 年进行了四批次培训。农业技术推广中心主管培训任务。

但就问卷调查看，并不是每个人都接受过技术培训。48人（其中有非职工）中的 29 人参加过技术培训，都是有关农牧业生产技术的培训。其中 70% 的人认为有些帮助或帮助很大。各年龄段均有人参加过或没参加过。男性参加的比例比女性略高。

表 5 - 3 参加技术培训的情况

单位：人

类别 选项	小计	年龄段				性别	
		30~39 岁	40~49 岁	50~59 岁	60 岁以上	男	女
参 加 过	29	17	6	2	3	23	6
没参加过	19	11	2		4	14	5
合　计	48	28	8	4	7	37	11

数据来源：问卷调查。

① 六十一团劳资科，2003 年 11 月 30 日。

130

第二节　社会保障

兵团职工一直享有劳保福利，职工可以享受退休金、探亲假、贫困救助等，其中如扶贫、低保、养老、医疗等逐渐演变为社会保障制度的一部分。

一　职工扶贫

团场一直对困难职工发放生活补贴，补助金额多少由单位党支部研究，提交会议代表讨论确定，但真正能作为困难职工被补助的人数量不多，1990 年全团补助 55 户，每户月均 20 元；1997 年补助 44 户，每户月补助 80 元。对丧偶、无公职、无劳动能力、无生活来源的家属和子女，可享受定期补助。补助金在 20 世纪 60 年代每户每月为 8 元，70 年代每户每月为 15 元，80 年代为 25 元，90 年代初为 30 元，1996～1997 年为 60 元[①]。

2001 年团里规定，凡单位报团批准有经营能力的贫困户，2001 年列入一帮一的扶贫户，经单位领导担保，团可给予解决部分贷款。对无经营能力、年年包地、年年倒挂的职工，单位应收回土地转让承包，安排其他生产出路，除本人应上缴费用外，免收五项费用（养老统筹金、工资附加费、生育保险费、工伤保险费和失业保险费）。列入扶贫对象的，年底要求脱贫户数达到 30%，人均收入为 1500 元，达不到指标，取消单位评选双文明资格和主管领导评选先进工作者的资格。职工缴纳的福利费（占档案工资的

---

① 《六十一团志》，第 420 页。

13.4%）中有 1% 是困难补助费，不用上缴到团里，留在各单位自行掌握，执行连务公开①，补助给真正困难的人。

2005 年，团场居民家庭年人均收入低于 1000 元的为特困户，低于最低生活保障（1404 元）的为贫困户（2007 年仍然是这个标准）。要求对贫困户建档案，确定帮扶人和帮扶计划，对贫困人员在生活、就业、就医、子女上学、冬季取暖方面给予多方面帮助，为贫困户办科技知识学习班。各单位每年脱贫要达到 30% 以上。全团职工每人每年出 4元，建立扶贫帮困基金。扶贫帮困补助金的申领：由特困对象本人提出书面申请，所在基层单位职代会民主评议，张榜公示后，交民政科审核，经团扶贫帮困领导小组批准后发放。资助金额并不大，如对于冬季取暖确有困难的特困家庭，每个取暖周期按每个家庭 150 元标准补贴②。

虽然扶贫帮困工作年年进行，但因为各种原因，每年都有一定数量的贫困户、特困户。2006 年团场的《困难职工生活状况调查表》中显示，全团困难职工 2003 年有 738人（占到当年团在册职工总数的 17.9%），2004 年有 534人，2005 年有 353 人，2006 年有 511 人（占到当年团职工总数的 10.7%）。困难职工中，"4050" 人员有 50 人，占到10%；特困职工 408 人，占到 80%；享受低保待遇的有 108人，占 21.8%。困难职工致贫的原因：12 人是因企业停产或长期发不出工资；306 人是因本人或家庭成员患病致贫的；102 人因家庭供养人口多，负担重；408 人因子女上学致贫；33 人是因单亲家庭致贫；33 人因伤残丧失劳动能力；

---

① 《2001 年经营管理规章制度》。
② 《六十一团特殊困难群体扶贫帮困暂行办法》团发〔2005〕24 号。

32 人因退休早，养老金偏低；306 人因意外灾难致贫；69
人因其他原因致贫。可见，多数困难职工贫困都不是一种
原因造成，有 321 人是两种以上原因致贫的。很明显，子女
上学、疾病、意外灾难是几种最主要的原因，尤其是因子女
上学致贫的，占到贫困职工的 80%。困难职工亟须解决的问
题：住房（511 户）、养老保险（108 人）、温饱（119 户）、
医疗（34 户）。困难职工普遍在住房上没有得到改善。

2005 年，二连的贫困户有 9 户，贫困原因主要有经营
不善、土地少或果树受冻，收入减少等。如某职工，一家 4
口人，家庭人均收入 1350 元。由于前几年果园受到冻害，
大片园子都砍伐掉，重新种植，几年没有收入，故成为贫
困户。另一位职工，3 口人，家庭人均收入 1100 元，由于
经营不善，加之果园几乎年年受冻，收入减少，生活较贫
困。2007 年农二连贫困户审核名单中，全连有贫困户 7 户，
其中特困户 2 户，家庭人均收入分别是 700 元、800 元。贫
困原因：有 3 户因经营能力差，2 户是没有承包地，2 户因
为长年看病。连队党支部指定连队干部一帮一扶贫，脱贫
办法主要有技术指导、资金支持，脱贫的时间一般为 3 年。

二 居民最低生活保障

1997 年中国开始推行城市最低生活保障制度。有兵团
农牧团场户口的居民均被作为城镇人口，从 2000 年 1 月 1
日开始享受城镇居民最低生活保障制度，月人均收入不足
最低生活保障标准的居民，符合条件者可享受最低生活保
障。低保标准按农牧团场所在县市规定的最新保障标准执
行。对于违反计划生育超生、好吃懒做、游手好闲、怕苦
不参加生产经营等劳动、婚丧嫁娶大操大办、不计划过日

子等原因造成家庭生活贫困的不被纳入保障范围①。到 2002
年 6 月，兵团的低保对象近 10 万人，来自中央的补助款
5500 万元②。"三无"人员（无生活来源、无劳动能力又无
法定赡养人、扶养人或者抚养人的）是重点保障对象。从
2004 年开始，对"三无"人员在现行居民最低生活保障标
准的基础上，每人每年一次性补助 300 元，作为冬季取暖等
生活费用补助③。

2006 年，根据兵团规定，家庭月人均收入不足 117 元，
生活贫困并持有所在团场户口居民可被纳入最低生活保障，
"三无"人员、二等甲级以上革命伤残军人、残疾人（智力
残疾、二级（中度）以上肢体残疾、精神病残、智力残疾
和盲残人员）、因工伤丧失劳动能力的和长期重病卧床人员
等均为低保对象。发放低保的标准最高 117 元/月，"三无"
人员及残疾人可享受，其他人员按不同年龄差额享受，分
别是 117 元的 70%～90%。截止到 2006 年 12 月，六十一团
低保对象达 250 户 450 人，保障率 3.5%，月发保障金
28308 元，月人均补差 63.9 元。低保对象不限于兵团职工，
但要有团场户口。

2007 年全团的低保户有所增加，低保最高标准提升至
148 元。10 月，全团有低保户 279 户，人数 490 人，其中女
性 266 人，低保对象占非农人口比例的 3.77%。月人均补
助水平 92.85 元。享受低保的人中，A 类 35 人，主要是三

① 《新疆生产建设兵团城镇居民最低生活保障制度农牧团场实施暂行办
法》，2000 年 8 月 22 日。
② 洪大用：《城市居民最低生活保障制度的最新进展》（节选），中国网
2003 年 1 月 20 日。
③ 《关于对兵团居民最低生活保障对象中的"三无"人员重点保障的通
知》，兵民政字〔2004〕67 号（2004 年 12 月 24 日）。

无人员与残疾人，月人均补助 148 元；B 类 455 人，月人均
补助 88.61 元。其中有残疾人 109 人，企业职工 381 人，在
职职工 116 人，离退休人员 4 人，三无对象 11 人，其他人
员 359 人。农二连低保户共 21 户。

低保人员名单每季度都要由党支部与低保议事会提前
提出名单，并在连部公示栏里进行公示。如 2002 年 12 月 8
日农二连举行低保户审核会议，参会人员连队干部及议事
会人员共 32 人，根据有关规定提出了 20 人名单，一致通过
9 人列为低保对象。在 2005 年农二连低保户摸底工作中，
全连 20 个低保户，家庭人口有 3 户是 4 口之家，1 户 2 口
之家，其余都是 1 人。领取低保的人中有 9 人是女性；开始
领取低保的时间：11 人是 2002 年，4 户是 2003 年，5 户是
2005 年，看来新增户较多；从出生年代看，20 世纪 80 年代
的有 2 人，20 世纪 70 年代的有 5 人，20 世纪 60 年代的有 3
人，20 世纪 50 年代的有 1 人，20 世纪 40 年代的有 4 人，
20 世纪 30 年代的有 3 人，20 世纪 20 年代的有 1 人，年纪
最大的 1916 年出生，最小的 1987 年出生。不到 35 岁的人
共 7 人，占到 35%。这些人中以因病丧失劳动能力的为主，
如因肢体残疾、精神病等丧失劳动能力。

三 残疾人扶助

对残疾人的保障是社会保障的一项重要内容。据《农
二连残疾人基本情况核查表》（2006 年），登记的残疾人共
24 人，其中有女性 8 人，8 人是退休职工（其中 1 位女
性），4 人是在职职工（1 位女性）；在受教育程度方面，5
人文盲（3 位女性）、8 人小学（1 位女性），7 人初中（2
位女性），2 人高中（1 位女性），1 人是中专；婚姻状况方

面，10 人已婚，1 人丧偶，其他未婚；有 4 人是党员。残疾类型：肢体残疾 12 人，低视力 5 人，听力残疾 4 人，智力残障 3 人，多数都能从事生产劳动，生活能够自理。致病时间与原因，18 人因病致残，2 人因工致残，2 人先天残疾，2 人因意外事故致残。因病致残的人数最多。这些残疾人中，有 6 人从事农业生产，10 人是退休职工，有着退休工资，家属 1 人，因病退职 3 人，还有 1 位在校学生，有 3 人享受最低生活保障。按照政策，职工患病或非因公致残，经有关部门鉴定为 1～4 级的，可退出工作，享受退休（退职）待遇；鉴定 5～10 级的，医疗期满后，可继续工作也可解除劳动合同。二连就有一位职工 1993 年因公致残后，先调换工作岗位，后退职休养，现在还不到 60 岁，每月有养老金数百元。

四　退休养老

兵团人口绝大多数是在 1949 年以后进疆的迁移人口及他们的后代，进疆时基本上都是青壮年，年龄构成相对年轻，20 世纪 80 年代以后，退休人口逐渐增多。从 1978 年开始，按照国家有关规定，六十一团对符合离退休条件的人员办理离退休手续。1949 年 10 月 1 日以前参加革命工作的，办理离休。工人男满 60 周岁、女年满 50 周岁，连续工作满 10 年的属于正常退休。男满 50 周岁、女满 45 周岁，连续工作满 10 年，由医院证明、劳动鉴定委员会确认完全丧失劳动能力的，也可按正常退休办理。因工致残的也可按规定办理退休。

随着时间的推移，对工龄的要求增加。根据 1997 年国务院的决定，企业职工个人缴费年限累计满 15 年的，退休后按月发给基本养老金。个人缴费年限累计不满 15 年的,退休后不享受基础养老金待遇,其个人账户储存额一次支付给本人①。兵团也要求职工男性年满 60 周岁、女性 50 周岁(女性干部 55 周岁),连续工龄满 15 年的方可退休。非因公病残职工,男满 50 周岁、女满 45 周岁,连续工龄满 15 年并认定完全丧失劳动能力的可批准退休。

　　团场的退休职工数量增长很快,1985 年全团离、退干部、职工共 826 人,1997 年增至 1897 人。2006,全团共有离退休职工 2730 人。社区离退休人员养老金按月足额发放,社会化发放率为 100%。2006 年二连有退休职工 167 人。2007 年,二连上报了 4 个退休职工,2 男 2 女,参加工作的时间分别为 1964 年 6 月、1966 年 6 月、1976 年 9 月、1975 年 9 月。退休职工达到了 171 人。根据 2007 年企业经营管理章程:达到退休年龄的职工,养老保险费缴纳要符合国家规定,有欠款的职工退休后只发 300 元生活费,其余工资抵扣欠款。

　　离退休职工享受养老金。近些年随着职工工资收入的增长,退休职工的养老金也数次增加。与全国一样,2006 ~ 2008 年,企业退休职工养老金已连续三年上调。2007 年 7 月,基金养老金增加 80 元后,全兵团企业退休人员的养老金由月人均 771 元提高到 890 元②。2008 年 1 月,兵团企业退休人员的基本养老金增加幅度为 60 元。养老金中,缴费年限是养老金数额最重要的标准,还要加上农业一线补贴年限、边境团场补贴年限等。农二连一对老夫妻,都是退

① 《国务院关于建立统一的企业职工基本养老保险制度的决定》,国发〔1997〕26 号。
② 《兵团提高企业退休人员基本养老金到 890 元》,http://www.sina.com.cn,新华网,2007 年 8 月 19 日。

休职工，男的 70 岁，每月退休金 943.85 元，女的每月
789.29 元，俩人一年退休金收入就 2 万多。退休职工 G
（女，52 岁）退休早，现有退休金 500 元，丈夫因工伤在
1993 年 40 多岁时就退休，现在拿退休金 800 多元，G 认为
俩人每月 1300 多元就过得不错。家庭有两位退休职工的，
基本都能维持这种水平，还有更高的，每月退休金 1100 多
元。农二连干部 T 说：连里退休的职工，不算 1949 年以前
的，最高的 1000 多元，是这两年退的。以前退的 800～900
元，男的退休金要多，因为多工作了 10 年。

退休工人的生活有保障，每月都有固定收入，不需要
子女赡养，经济上完全自立，还可以常常为在土地上拼搏
的子女解囊，帮助他们解决一些生活困难。与退休父母同
住的职工，更多的是得到父母的经济帮助。不与父母同住
的子女，不仅在孩子的学习和生活方面得到父母的多方帮
助，节假日到父母家吃喝也是让父母高兴的事。正如职工
们所说的，有保障的退休生活是兵团最吸引人的地方。退
休职工还会被组织参加一些活动，二连就曾组织退休职工
去伊犁河游玩一天。

表 5 - 4　六十一团离退休职工的养老金发放

年份 类别	1985	1990	1995	1997	2006
离退休人数（人）	826	1170	1804	1964	2730
养老金总额（万元）	51.77	151.37	570.66	786.52	2472.81
人均养老金（元/月）	52.2	107.8	263.6	333.7	754.8

　　注：1997 年以前的数据来源于《六十一团志》第 251 页，2006 年的数据
根据《六十一团 2006 年 1～12 月社保资金运转情况明细表》中师拨退休养老
金中的退休费与全团离退休人数计算。

五　医疗服务

兵团职工一直享有一定程度的医疗保障服务。六十一团建团初期，团规定每人每月保健医疗费 0.3 元，1980 年调整为 0.5 元。1990 年因药品价格上涨调整为 2 元，1995年增至 5 元。1962～1990 年，干部职工及参加保健医疗人员住院和门诊医疗费实报实销。1990 年开始门诊药费按进价的 30% 收费，住院药费实报实销。1995 年，改革公费医疗制度，门诊医疗收费 30%，住院收费 20%。中国城镇职工基本医疗保险制度工作从 1999 年初开始启动，兵团是从2001 年开始启动实施，职工每年都要缴纳医疗保险，有个人账户用于解决门诊和住院的部分医疗费用，社会统筹部分解决大病医疗需求。目前连队职工每年缴纳档案工资的10%（其中社会统筹部分 8%，个人缴纳部分 2%），其中的 35% 被划入个人账户，由职工个人支配使用。职工的家属、子女参加合作医疗。2002 年开始，为了避免因患大病致贫，团场开展大额医疗费补助保险工作，职工包括参加合作医的家属、子女参加。每人每年缴纳保费 60 元，6000 元以上的医疗费用按一定比例报销，全年大额医疗费补助最高支付限额为 10 万元。还有一种医保项目称 AB 条款，每年保费 100 元，提高大病医疗报销费用。2007 年开始兵团也开始新型合作医疗试点，每人每年缴纳 20 元，可每年按比例凭票报销医疗费 200～10000 元和一次全面性常规体检。

团场职工的医疗条件相对较好，农业连队的居住相对集中，交通方便，团部有医院、卫生防疫站，还有个体药店，连里有卫生室，一般的常见病、多发病在连里就可以治愈或控制。2006年，农二连原来的办公室翻修改建成甲级卫生室，有100多平方米，设有诊断室、治疗室、药房、配剂室，软硬件设施均达到兵团要求的初级卫生保健指标，医疗条件有了很大改善。卫生室有70多种医药，都是从团医院购进的。卫生员是兵团电大医学专业毕业的，自己也种地。职工们对连队卫生室（见图5－9）还不太信任，认为卫生员医术有限，药贵，一般都到团医院看病。

图5－9　连卫生室（摄于2007年10月29日）

　　连卫生员（男，38岁）：团里给连卫生员每月工资300元。卫生室的运营由团里管理，连里出些日常运转费，如取暖费等。由于团医院欠医药公司的钱，医药公司药价高，团医院又加价给我们。一盒头孢，私人诊所4.5元，我们提来9.8元，卖10元。只能从团医院拿药。只有目录内的药是可以报销的。一般职工每月最高可以报销15元，退休职工18元。他们卡上当月的钱用光就不来了。我平均每月可挣300元。

　　几位职工说：我们连队只有一个诊所、一个卫生员，卫生员只能看些小病，大病看不了，药品很贵。连队的职工基本不到这里来看病，大部分去团部的私人药店买药，药价比较便宜。我们看病如果报销，可以拿着连队诊所开的处方和发票去团部的医院报销，也可以直接在团部的医院看病，在团部的医院报销。

六　就业

团场居民同样也存在就业问题。前几年，受到市场制约，团里部分工业企业经济效益不佳，大量职工下岗。团场安排近400名职工从事农业生产和商业流通工作，加快团部小城镇建设，安排下岗职工和新增劳动力。据不完全统计，2003年在团内或团外从事各种自营经济的总人数为740名，占全团从业人数的17％。呼尔赛旱田是六十一团正在开发的旱田，有几万亩地，团场正在全力推进和实施旱田的开发工作，要以此解决待业青年和下岗失业人员的就业再就业问题（见图5-10）。规定凡在旱田从事经济林种植

图5-10　在建的呼尔赛旱田上的安置房

（摄于2007年10月29日）

的，3年内免收土地费，4~6年减半收费，7年以后按规定足额收取。

调查中，二连的就业问题表现得不明显。能够承包上土地的，不管是否是职工，都视为已就业。一位老职工就说，种地的人，哪有失业的，并对缴纳失业保险表示不理解。还有一部分职工子女，到外地上学、就业或打工。在二连我们还没有遇见闲居在家、无所事事的青年人。

附：农四师六十一团全力打造山区生态农业①

新华网　乌鲁木齐11月22日电　进入11月中旬以来，农四师六十一团组织近万名全团干部职工，在库尔塞旱田开展定植3000亩树上干杏的大会战，这是该团实施全力打造山区生态农业工程的又一力作。

六十一团现有土地198万亩，因受地势、气候的影响，耕地面积不足土地总面积的12%。随着团场经济的发展，这些有限的耕地已不能满足人口增长等各项因素的需求。为此，从2003年起，该团充分发挥资源优势，把经济增长点放在了开发6万亩旱田上，通过制定中长期开发规划、引进人才、技术，实行树、草、粮、畜规模上山等有效办法，全力打造果、树、草、粮齐发展的新型生态山区农业。

这项工程实施三年来，该团已有2万亩旱田实现了退耕还林，实施了树上干杏基地和移动组合式滴灌工程，完成了山区近二十公里南北向沙石主干道和输电线路架设工程，先后种植了6000亩树上干杏、2万亩苜蓿和1万亩打瓜、小麦。今年该团已做好了从开根沟流域引渠上山的各项准

---

① 作者：崔凯，来源：农四师广播电视台，2006年11月22日。

备工作，连队道路、居民点、给排水、绿化等基础设施项目正在规划建设中。该团计划在近两年内向山区整体移民1600户，成立3个农业新型连队，力争用五年时间，再造一个山区秀美，生态农业的六十一团。

（编辑：魏长峰）

七　其他福利待遇

兵团职工大多是内地迁移来的，家乡都有自己的亲人。按规定，职工们可以享受探亲假。1964年，单身职工探望父母，每3年1次，有配偶的职工探望父母，每10年1次，工资照发。1981年后，单身职工和已婚职工探亲的时间分别缩短为每2年1次和每4年1次。探亲期间工资照发，车、船费、医疗费按规定核报。土地承包后，农牧一线的职工只有档案工资，探亲只享受路费报销，不享受探亲工资待遇。

团场职工过去有严格的考勤制度，听着号声上班下班，不得迟到和早退，由各班记工员记考勤。对女职工却有特殊的规定。在女职工例假期间，适当安排其工作，对于在体力耗费大的岗位上工作的个别身体不适明显的可批准两天例假，工资照发。实际上在当时社会环境中，享受这种特殊待遇的女职工并不多。职工享有结婚、生育假期，如果是晚婚、晚育还可延长假期。独生子女因病住院，父母一方照看孩子可按出勤计算。土地承包后，农牧一线实行档案工资，妇女在生育期间没有稳定收入。但实行了生育保险后，团场为女职工及职工家属建立了生育保险基金，免费为女职工上环、取环、人流、节育四项服务，凡按规定缴纳生育保险费的女职工及职工家属，生育一胎或二胎的凭相关证件可享受 90 天正常产假、15 天难产产假、晚育产假和独生子女产假的工资待遇、生育津贴，同时还报销生育医疗费用。农四师统一规定，2003 年支付标准正常产一级医院 500 元，二级医院 800 元，最高（二级医院剖宫产）1800 元。2007 年支付标准进行调整，正常产一级医院 600 元，二级医院 1000 元，最高 2200 元。

职工去世，单位要给抚恤金，并举行追悼会等仪式。职工因病死亡，发当月、次月工资。丧葬补助费在 20 世纪 60 年代为 120 元，70 年代为 300 元，80 ~ 90 年代初为 400 元，1992 年以后为 1000 元，2004 年 7 月以后调整为 2198 元（全疆统一）[①]。同时还要发给死者供养直系亲属（父母、不满 16 周岁未成年子女）的救济费。对因公死亡的职工，安葬费用由企业承担，子女供养到 18 岁，其父母是家属的供养到天年。

冬天给职工发放取暖补贴，补贴标准按规定的采暖面积和实际采暖价格确定。

六十一团的社会保障工作做得较好，截止到 2003 年连续 7 年获得师社会统筹工作先进单位，社会保险金上缴率和退离休养老金发放率均达到 100%。在二连的问卷调查中，48 个被调查者中，有 42 人明确表示享受过政府社会保障方面的政策。在享受过社会保障方面，其中全都缴纳养老、医疗、失业保险（三金），19 人享受过抗震房补贴，8 人享受过教育费用减免，4 人享受过扶贫救助，1 人享受过救灾资助，1 人享受过伤残抚恤。对社保制度的态度，37%（13

---

① 《关于调整我区职工死亡丧葬补助标准的通知》，新人发〔2004〕39号。

人）认为很好，很欢迎；51.4%（18 人）认为制度好，但老百姓不知是否真能享受到实惠；11.4%（4 人）认为交的钱多，承担不了。认为承担不了的 4 人，都是 30～40 多岁的中青年人。有 80%（37 人，4 人未答）的家庭办过商业保险。其中医疗保险 28 户，养老保险 26 户，种植业灾害保险 18 户，人寿保险 5 户，交通工具保险 2 户，家庭财产保险 1 户，其他保险 6 户。2006 年缴纳的保险费，少的 100元，多的 12000 元，平均 2049 元，1000 元以下的占 56.8%。

八 职工身份与家属

并不是在团场种地的人就是兵团的职工，而是需要通过申请，并符合规定的条件，经过一定的程序才可能获得。兵团的许多社会保障、企业福利待遇，如入学、就医、入托等的优惠都限于职工身份，在承包土地及管理方面非职工身份的人也会受到一些限制。

1995 年，六十一团出台《关于推行"四书""三证"的管理办法》，"四书"即：任务书、产品销售书、还款协议书、停薪留职合同书；"三证"即职工身份证、临时职工身份证、居住证。规定既无职工身份证，又无居住证的人员不享受职工福利，职工身份子女入学，小学每学期缴费400 元、初中每学期缴费 600 元，高中 800 元；入托时每人比规定标准加收 50% 费用；灌溉用水每亩不少于 30 元（2001 年规定不少于 60 元）；用电每度按 1 元计收。连队收回的承包地，按照本单位无生产对象的职工、本单位职工的子女、有担保的外来人员的顺序先后，进行土地承包或租赁。非职工人员种地必须先缴钱后种地，一切费用自理，否则收回土地①。2007 年，非职工人员的待遇与职工仍有很多差别。在农二连，非职工人员的种植面积不得超出职工定额面积，土地费也比职工缴得多。本连的职工子女与不是本连的职工子女缴费也不一样，前者21.5 亩的土地费在 2006 年收费的基础上上浮10%；后者上浮15%。超面积的上浮更多。但对于年龄在 50 岁以上且在本连种植土地年限达 15 年以上的非职工人员，其缴纳的土地费与职工的经营地一样。如果是在经营、包地的户口不在本团的外来人员，必须向社会劳动力管理科报批备案，办理《外来人员就业证》，才能在办理落户、子女上学、参加社会保险时，允许办理并享受相应的待遇。

因此，在团场长期生活的人基本都希望能拿到职工身份。在二连，承包土地的家庭中一般有1~2 人是一线职工。2006 年，二连 189 个职工家庭中拥有农牧一线职工数，一人的 86 户，二人的 86 户，三人的 15 户，四人的 1 户，六人的 1 户②。

连队里不属于职工身份的人可能有如下几种：本连职工的子女中学毕业后没有升学或到外地工作，准备继续在连队包地的；娶进的外来媳妇或招来的女婿（极少）；外地主要是从内地来连队投奔亲友或承包土地的。二连有 8 户外来人口，购买当地人搬走后留下的房屋，以种地、打工为生。

在六十一团，职工身份的获取是有一定条件的，不是所有的职工子女都能够顺理成章地成为职工，也不是娶来

---

① 王作敏在六届二次职工代表大会暨"双先"表彰大会上的报告，2005 年 3 月。
② 数据来源于农二连《2006 年税费改革资金兑现表》。

的媳妇就可以成为职工。根据团场《2001 年企业管理规章制度》，企业招工要按照先培训、后就业的原则，严格执行双证制度（学历证书和职业资格证书）。对于通过种种关系来团种地，经济效益好，本人要求落户安心边疆建设的外来人员，凡在单位种地三年以上，服从管理，遵纪守法，年年完成产品和利费上缴指标，同时按规定承担的各项义务，不欠账、不挂账，产品不流失者，经本人申请，单位审核，上级批准，可以成为正式职工。申请职工身份者，年龄必须在男 45 周岁以下、女 35 周岁以下，这样才能保证到退休时可以累积缴纳养老保险年限到 15 年①。要通过团里组织的新职工考试，所以文化程度高的较易被录取。2006年，团新批职工 652 人②。由于拿到职工身份也有一定难度，也有通过各种关系达到目的的。

职工身份也可以被取消，如对偷卖、倒卖产品、不尽义务的承包户，依法收回承包地，是正式职工的，提交职工代表大会和企业经营管理委员会表决通过后，由团依法解除劳动合同③。如果自己不愿意承担团场职工的各项义务与责任，也可以申请退掉职工身份。

二连干部 T：如果孩子高中回来，上面批政策就可以成为职工。职工子女批上职工容易。现在控制在 35 岁上下、要把欠款交清等。我们现在男青年找对象都找到公社，好几个。只要有政策就可以批成职工。愿意当职工。比起来，这里有养老金，看病报销。地方上不要土地费，收入比这

---

① 非职工男 45 岁、女 35 岁以下可以参加社会保险，到退休年龄可享受养老金。

② 《2006 年六十一团工会工作总结》。

③ 《六十一团企业经营管理章程》，2007 年。

里高，但养老、看病情况不如我们。要等政策，有时是一年一批，有时是几年一批，前几年一年批一个。职工多土地少，就得等一等。父母有退休的，也没说就顺利进职工。必须师里批，不是团里批。批了职工，如果有闲地，就给身份地。没有职工身份的包地，交的费用与职工一样。去年（2006年）开始的政策，非职工的比职工多缴12.5%。非职工的三金，可以自己买，或在社保中心办理。

职工V：我（19）99年结婚，娃娃现在7岁，媳妇现在还没批职工身份。她29岁，伊车（嘎善乡）来的，户口婚迁。她是家属，打报告申请成为职工。要求在这儿生活3年以上，还要考试，报名费60元，我们交过两次报名费。要筛选，选上了考试，师里出题，考试前发复习提纲。我媳妇没有通过初试。一两年有一次机会。

职工家属W：我是从地方上嫁到这里的，已经有10年了，户口已落在六十一团，但还不是团场的正式职工。按照团里的规定，嫁到这里只要满3年，就可以转成职工。每隔2~3年我都交一次60元的报名费，可到今天还没有动静。有的人来了两三年，就通过关系成为正式职工了。

退休职工家属（女，62岁）：家中就我们老夫妻。大儿子在二连当职工。女儿（19）68年生，学医的，在西安打工，户口在这儿，是职工，养老金等费用全交，由女儿寄回来。女儿的地由侄儿在种。侄儿1974年生，1995年来的，2001年办上户口，去年（2006年，下同）被批的职工。他是高中毕业生，在这里干了几年才落户，侄儿一共种了3份地。侄儿去年结婚，媳妇是芦草沟的，她姐姐也在这里。她（侄妻）以后也会成为职工吧。还有个侄女，1982年生，25岁了，（19）95年12岁时接来的。当时弟媳妇死

148

了，就把她接过来在这养了几年，户口留在这，小孩的户口好落。现在她在广州打工，以后也可以成为职工。

实际上我们在调查中，遇到的最有怨言的人是年老的"家属工"，她们由于没有职工身份而不能享受养老金待遇。

1970 年，团场将有劳动能力的职工家属组织起来，参加劳动生产，划给少量土地，当时取名"五七家属队"。家属队的成员都是女性，在生产上与职工一样付出了极大的辛劳，为团场的发展作出了贡献。家属队成立 14 年后于1985 年解散，此后家属队人员可以参加连队土地承包经营，但不享受老年退休待遇。此后，团场根据政策也陆续解决了不少家属工的职工身份问题，并照顾一些老职工遗孀的生活。如 1990 年起，中华人民共和国成立前参加革命的老干部、老职工去世后，对其无经济来源的遗孀，每月定期补助 90 元。但还有少数老职工家属由于各种原因一直是家属工，而没有成为职工。随着年龄越来越大，家属工们看见过去和自己一样的有职工身份的老姐妹退休了，拿上养老金，衣食无忧，还可帮助子女，而自己身体状况日渐下降，劳动能力逐步丧失，未来只能依靠有养老金的丈夫或者是子女。想到过去曾经也付出许多，她们也希望争取自己独立的经济地位，为家庭增加一点收入，在丈夫和子女面前提高自己的地位。据二连居民介绍，二连现在 50 岁以上的在家属队干过还不是职工的有 20 人左右，其中一些人因为没有收入来源而产生家庭矛盾、婚姻不稳定的现象，甚至有被丈夫抛弃的。有 6 个家属和丈夫离婚后获得低保，据说有"假离婚"的。从 1999 年开始直到 2005年，就有家属不断去上访。"家属苦"，成为连队居民一致的看法。

职工家属 M：1967 年以前来团里的都是正式职工，我是 1968 年来的。在家属队工作几十年，与职工一样付出了劳动，也缴纳了许多费用，但都未兑现。现在已 60 多岁了，没有退休工资，因为没有职工身份。没有职工身份的原因，主要是当时不重视，也错过了一些机会。我也上访过，没有结果。没有收入来源，丈夫动不动说他养活了我，我自己也觉得没有保障，60 多岁仍在包地，下地干活。有退休金的人早早就不用辛苦了。我们是家属，玩都不敢玩，别人玩牌、麻将都上元（输赢在一元以上），自己口袋没钱，哪敢随便输。因此不敢和有工资、退休金的人玩，低人一等。

职工家属 Z：我是 1967 年来到六十一团的，我当时属于五七家属队的成员，不是职工，就一直承包团部的土地到 2005 年，由于双腿关节炎就无法再继续种地。在 1983 年的时候，我们家属队就解散了，团部规定我们家属队的成员，有知青证明的可以成为职工，当时一部分人开了知青证明成为了职工，还有部分没有转成职工一直到现在，我的证明交到师里，说是交晚了就没有给我办理。现在家里有我和患精神病的儿子，丈夫离婚了，只能由我照顾儿子。最初每月享受 55 元的低保，难以维持日常的生活开支。我多次找连队和团部的领导，现在享受每月 125 元的低保，我和儿子都有病，生活还是很困难。连队曾帮助过我们家 2 次，一次给了 2 袋面粉，一次给了 300 元钱。

退休职工（男，60 岁）：我 1962 年到这个团的，老伴 60 岁，1970 年来的，在家属队干了 18 年。她现在没有任何经济来源。家属们在兵团工作几十年，为兵团作出了很大贡献，现在老了没有生活来源了。

第三节 生活状况

一 收入水平

六十一团建团后，在支付工资上大都采用以计时工资为主、计件工资为辅的计酬方式。20世纪60年代初进疆的上海支边青年执行了3年供给制，除按规定发放被褥、服装外，月发津贴5元。干部按个人担任的职务、级别调整为"企业管理"工资级别，后改为"国家行政"工资级别。工人实行8级工资制，并根据所干工种级别执行农工、机务、工交、服务、水管等工资级别。不同的工种分不同的级别，如农工有5级，最低的1级月工资35.52元，最高的5级63.2元；机务最低的2级月工资42.85元，最高的5级67.32元；卫生19级月工资43.58元，13级月工资81.9元；行政管理25级47.18元，18级103.15元。1963年全团职均月工资35.04元，1973年为35.94元，10年中几乎没有变动。1974年以后，开始多次调整工资，职工工资水平逐渐有所提高[①]。1984年以后，农牧业连队的职工实行家庭联产承包责任制，职工都不再拿工资，月工资记入档案，称为档案工资。档案工资一是在调动时使用，二是计算缴纳社会保险费用的依据。连队职工的收入完全依赖于承包土地上的收入以及打工、经营等收入。

通过几十年的发展，团场职工的收入有了很大提高，图5-11表现得很明显。1997年，二连人均纯收入3911

---

① 《六十一团志》，第247页。

元，职均纯收入7321元；2006年二连人均纯收入8064元，职均纯收入12800元。但由于职工的负担较重，现金收入远没有统计数字那样多，而且连队内部贫富差别也是较大的，一些种植业、养殖业、机车大户的收入较好，有些承包地较少，或果园受自然灾害影响，或农作物收成不好，收入水平不高。

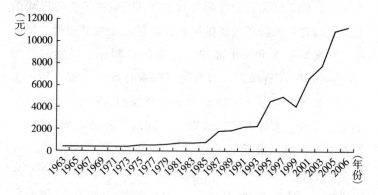

图5-11　六十一团职工年均收入情况

注：1997年以前的数据来自《六十一团志》第249页，以后的数据为团里提供。

二连干部T：连里中等人50%，较富的20%，较差的10%。最好的、最弱的各10%。最富的是机车大户，种100亩地如果再加上果园，（年）收入7万~8万、10万。种地还是挣点钱。油葵每公斤3.7~3.8元，打瓜8元多。比较好的制种玉米，一亩500公斤，收入1200多元，比200多公斤多收700~800元，差距出来了。桃子，品种好的，10亩地，4万~5万元毛收入；品种不好的，2万~3万元收入。苹果，富士这5~6年都（一公斤）2元多，红心、金冠1元多，品种不同，价格不同。10亩果园挣4万元，不如桃子（油桃），有一户 13 亩地收了 8 万元多，酸油桃出口。油桃价格每公斤 5 元，蟠桃 1~2 元。卸桃子的人 40~50 元，工钱今年太高了。最差的人，经营能力问题，管理的问题，许×，去年种制玉米每亩收 200 公斤，今年 300 公斤，别人都比他高 200 公斤。管理不行，浇水不守地，（要）检查是否有水，穿行着检查，每行有水才能浇透。家庭困难的较少，关键是经营不善的问题。

我们在问卷调查中专门设计关于家庭收支情况的调查。家庭收支调查一向难度较大，如果不是有心记录，人们一般很难对自己家庭一年的收支情况有清楚的认识，对收支情况的追溯本身就有很多推测的成分，有的被调查人也可能有意识地夸大或缩小某种项目的开支。同样，在二连的问卷调查也存在同样的问题，但这些数据可作为我们了解家庭收支状况的参考。由于各项目有效值数不一（有的是没有收支，有的是因说不清被略去），因此收支的分项之和并不等于收支的总数。

从问卷上看，被调查的 38 户人家 2006 年户均收入 3.56 万元，总收入在 5 万元以上的有 12 户，最高的 8 万元（2 户）；少的收入 0.6 万元，低于 1 万元的有 3 户。收入中种植业比例最大，其次是工资收入。户均支出 3.4 万元，其中生产支出最大，户均支出 2.35 万元，生产支出在 5 万元以上的也有 3 户。饮食、教育、医疗方面的支出也是很大的。从数据来看，收入只比支出多出 0.16 万元，几乎没有多少盈余。问卷调查显示，2006 年，有 10 户存款，平均每户存 11900 元，其中最多的 2 万元，少的 9000 元，有 6 人存了 1 万元。反映出收支数据是收少支多的倾向。

表 5 - 5   问卷调查中的 2006 年家庭收入情况

项目 类别	总收入	种植业	养殖业	工、商经营	外出打工	工资
有效值（户）	47	38	1	2	3	11
平均数（元/户）	35596	35487	2500	4500	2667	16545
中位数（元/户）	36000	35500	2500	4500	3000	13000

表 5 - 6   问卷调查中的 2006 年家庭支出情况

项目 类别	生产、生活 支出	生产	饮食	教育	医疗	其他
有效值（户）	41	38	44	33	43	44
平均数（元/户）	33966	23503	5189	4189	2332	3432
中位数（元/户）	31000	20000	5000	2000	1000	3000

被调查户当年贷款至调查之时尚未还清的有 13 家，平均欠 13215 元，少的 1800 元，多的达到 3 万元。还有以前借款未还的。没有人给别人借钱。

以下是几个家庭的收支状况。

A 家庭：男主人 52 岁，一家 3 口，女儿上高中。2006 年收入 36000 元，其中种植业收入 24000 元，工资性收入 12000 元。种 28 亩小麦。家庭支出近 4.7 万元，其中生产支出 13384 元（平均一亩地机耕 45 元，种子 42 元，水费 32 元，化肥 132 元，农药 10 元，承包费 200 元，收割费 19 元，合 478 元），饮食支出 6000 元，教育 2 万元（其中学费 3000 元，书费 400 元，食宿每月 700 元，等等），医疗费 800 元，其他支出 4000 元，三金支出 2700 元。家中没有借债。住宅修于 1996 年，有 100 平方米，当时建房花了 7.8 万。自认为生活比以前好了，与大家差不多。

B 家庭：女主人 32 岁。一家 3 口，夫妻俩和一个儿子。

种了 10 亩打瓜、20 亩果树。2006 年收入 46000 元，其中种植业收入 45000 元，出外打工 1000 元。支出 20000 元，其中生产支出 10000 元，饮食支出 3600 元，教育支出 500 元，医疗支出 200 元，其他支出 4000 元。1998 年来到六十一团，不是职工，也不用缴三金。住的房子是 1990 年建的，120 平方米。自认为在连里生活得较好，对个人生活状况满意。

C 家庭：女主人 37 岁，一家 3 口，女儿上初中。2006 年种 68 亩地，其中小麦 35 亩，打瓜 20 亩，甜菜 13 亩。当年收入 7 万~8 万元，纯收入 3 万元。全年饮食支出 6000 元（大米 4 袋，面粉 6 袋×50 元，清油 50 公斤，蔬菜 600 元，肉 150 元，等等）。教育支出 4000 元（其中学费 150 元），医疗支出 1000 元，其他支出 3200 元（其中电费 1000 元，买煤 1000 元，通信支出 1200 元）。生活水平一般，和大家差不多。

D 家庭：男主人 41 岁，孩子在阜康上学，正在南京电子工厂实习，学费等一年需要 1 万元。夫妻俩在家，种了 57 亩地，2006 年种植甜菜 15 亩，打瓜 15 亩，黄豆 27 亩，毛收入 5 万元。支出 6 万元，其中生产支出 2 万元，三金 1200 元，饮食 6000 元，教育 1 万元，医疗 2 万元（住院），其他支出 3700 元（包括穿衣 2000 元，用煤 600~700 元，通信 1000 元）。2006 年借贷了 2 万元，还没有还。住的房子是 2001 年建的，当时花费 3 万，其中有 1 万是补助的。住房没有装修。自认为生活比以前好了，但在连里属较差的。

E 家庭：男主人 70 岁，夫妻俩都是退休职工，一年有退休工资 2 万元。男主人说：有 3 个儿子，都已婚。老大种了 10 亩果园，可以维持生活。老二看场，每月有 1200 元，大儿媳也有工资，每月1000元，生活得不错。老三在二连种了2份地，一年收入3万元，但不知怎么用的，还是没钱。我们不管他，钱给孙子上学。住的房子70平方米。

在问卷调查中，一半人都认为自己的家庭生活水平和大家差不多，即处于中等；26.5%认为自己属于好或较好；22.5%认为属于较差或很差（见表5-7）。70%的人认为与过去五年比，现在的生活比以前好，21%的认为没有变化，8.5%认为变差了。对于以后生活的预期，82%的人都认为会越来越好。60岁以上的老人与过去的生活相比，满意程度较高，认为现在比以前好，将来会更好。

表5-7 与本连其他居民相比，自己的家庭生活水平如何

单位:%

类别＼选项	很好	较好	和大家差不多	较差	很差	人数（人）
30~49岁	2.7	24.3	43.2	24.3	5.4	37
60岁以上	0	42.9	57.1	0	0	7
合　计	2.0	24.5	51.0	18.4	4.1	49

注：数据来自于问卷调查。

二　生活条件

六十一团建场初期，多以地窝子和简易宿舍为主，并兼盖少量土木结构房屋。20世纪70年代前期，地窝子逐渐被淘汰，砖基土木结构的房屋逐渐取代了土木结构简易宿舍。至20世纪80年代职工住房多为砖基加沥青防潮，房屋防潮、防漏能力提高。1988年团场以农闲工补贴的形式，鼓励职工自建住宅。1990年以后，砖混结构房越来越多。团场从成立之始就设有基建队，负责建设及维修房屋。

连队住宅区又称为营区，二连的营区较为集中，绝大多数职工集中居住在规划整齐的营区内，连队统一划拨7分宅基地。2~3家一排，住宅多为砖混结构，样式统一，有独立的厨房和卫生间，院内地面铺砖或水泥地坪，院墙也多一砖到顶，营区内的道路多为3米宽的水泥路面，四通八达。少量住宅不是近年所建，为土木结构，简陋陈旧，主要集中于营区背面。由于二连2001年就被作为小康示范连队，在连队营区规划、外观方面都多有要求，在连队统一规划时，少数即使得到资助仍无力建新房，以及一些孩子基本都在外地，花钱建新房不划算的人家就换到营区较偏僻的地方居住。在营区主要道路两旁的住房则多为近些年的新建房。有少量住宅散落在大路边上，周围是大田或果园。目前连队职工人均砖混结构居住面积达到28平方米。还有一部分职工住在团部（见图5-12）。

图5-12　农二连营区一角（摄于2007年10月29日）

团场从 1999 年开始实行危房改造项目，1999 年启动，当年每户补助金额 7350 元；2000 年增至 12000 元；2001 年以后又增到 16000 元。2007 年暂停。据说 2008 年项目还将继续进行。补助对象为农牧一线的在职及退休的盖新房的职工家庭。根据《2001 年经营管理规章制度》，二连与其他几个连队实施职工先交钱，团组织施工队施工，验收符合规定的质量，工程造价按兵团造价每平方米 400 元的政策执行，每户补贴 16000 元。自建公助，产权归个人。2005 年全团共有 450 户家庭参加了危房改造项目，其中二连有 14 户；2006 年全团有 299 户参加危房改造项目，其中二连有 25 户。这些建房户都按标准每户给 16000 元。我们的问卷调查对象，主要是职工，有少数没有职工身份。回答了自己住房情况的 46 人中，有 33 人的住宅属于危房改造项目房，除 1 户是 2007 年新建房外，都是 1999 年以后建的房子，其中以 1999 年和 2001 年建房最多，也是受补助房最多。从表 5-8 也可以看出，自建房的面积普遍较大，但用于建房的资金没有受到资助的住宅多，反映出借助于危房改造项目，职工在居住条件上大大改善。退休职工 L 的房子是 2001 年建的，80 平方米，公家补助了 1.6 万元，自己花费 1.6 万元，当时还借了 6000 元，第二年将所借款还清。

表 5-8　问卷调查户的住房情况

盖房时间	户数（户）	有补助（户）	平均面积（平方米/户）	花费资金（万元/户）
1980 年	1	0	100	1
1990 年	1	0	120	1
1996 年	2	0	90	4.9
1998 年	3	0	87	4

盖房时间	户数 （户）	有补助 （户）	平均面积 （平方米/户）	花费资金 （万元/户）
1999 年	12	9	84	3. 12
2000 年	3	3	76	2. 27
2001 年	17	14	85	3. 34
2002 年	5	5	76	3. 05
2003 年	1	1	80	3. 2
2007 年	1	0	86	1. 8
合　计	46	32	84 *	3. 16

注：＊各时间段的户均面积、户均建房支出，合计为全部调查户的户均面积、户均建房支出。

被调查的 45 户人家中，有 42 户的住宅是砖混结构，2户是土木结构，1 户是砖木结构。1980 年盖的房是土木结构，1990 年以后盖的是砖木结构房，1998 年以后盖的都是砖混结构房。建房花费的资金，除 7 户未报外，建房最少 1万元，最多 7. 8 万元，平均 3. 16 万元。住房面积平均 84 平方米，最大的 120 平方米，小的 70 平方米。明确说明自己的住宅是装修过的只有 2 户，否认的有 34 户，但有 8 户说住房内铺有瓷砖地面，可能铺瓷砖地面并不被认为是装修行为。普遍有自来水（上水），但室内有下（排）水的较少，故有室内卫生间的家庭有限。使用煤气的仅 1 户，使用土暖气的 1 户。

表 5 – 9　问卷调查户的建房费用

单位：户

建房费用	1 万 ~ 1. 9 万元	2 万 ~ 2. 9 万元	3 万 ~ 3. 9 万元	4 万 ~ 4. 9 万元	5 万元 以上	合计
户　数	7	11	15	4	6	43

表5-10 问卷调查户的住宅面积

面积（平方米）	70	71	73	75	79	80	86	90	100	120	合计
户数（户）	9	1	1	1	1	16	1	2	9	2	43

表5-11 问卷调查户的住宅设施

单位：户

设施	瓷砖地面	自来水	下（排）水	室内卫生间	煤气	（土）暖气
户数	8	39	5	5	1	1

　　团场主要生活饮用水以天然水和冰雪融化的水源为主。在20世纪60～70年代饮用的是渠水或涝坝水，人畜共饮，水源污染严重，经常导致季节性肠道传染病。20世纪80～90年代，团场投资100多万元修造蓄水池和地下管道。1981年，团直及附近单位解决了自来水，1997年，全团自来水安装率达95%。二连职工1989年就吃上了自来水。目前自来水管道直接通到家里，按每月每人3元收自来水费。

　　冬日取暖以煤炉居多，房间内有火墙，炉子兼做饭和取暖用。一个三口之家一年用煤1000元。我们是10月23日到六十一团的，此前几天气温下降，在霍城县三宫乡村（距六十一团几十公里）调查时不少农户家已生火取暖，乌鲁木齐市的供暖时间从10月15日就开始了。但到了六十一团，团部大楼尚未供暖，职工家中普遍没有生火。可以看出，不管是团部还是普通职工，生活都很节俭。据职工说，一个取暖季单位发放烤火费210元，现在涨到了240元，一般一个取暖季一户要烧2吨煤，烧土暖气就要3吨～4吨煤。2007年伊犁的生活煤价格每吨200多元。

　　用沼气的家庭不多。二连2005年开始安装沼气，到

2007年有8户安装了沼气,但只有2户通气,职工对此的热情就不太高。安装沼气也有补助,预算价格一户2500多元,职工缴1000元,其他由师、团给予补贴。2006年,全团有50户指标,2007年有30户指标,分到二连4户。

二连居民用电很方便,电表都在家中,单独计费,一度电0.53元。家庭内普遍都有家用电器,如电视机、洗衣机、冰箱等。1995年六十一团有线电视网络正式开通,可收看10套电视节目。现在二连90%的家庭接通了有线电视。据说2005年开始有人购买家用电脑,我们调查时全连已有20多家拥有电脑。

交通也很便利。八阿公路、霍都公路(霍尔果斯口岸至都拉达口岸)贯穿团场,并与312国道相连,团场内连通连公路、营区路已经100%硬化。二连到团部的公路方便顺畅,全都是柏油面路。连队职工最通常使用的交通工具是摩托车,问卷调查的46户中有38户有摩托车。据说全团有3000辆摩托车。二连职工到团部也有交通车,许多老年职工星期五去团里巴扎,坐交通车来回车票6元钱。而团场1987年才有第一辆东风–660大客车(42座),职工因此而结束外出坐货车的历史。公路修得不错,在收获季节,也成为免费的晾晒场,各种需要晾晒的产品铺在路上,占去一半或一多半路面(见图5–13)。

基本上家家都有电话,固定或移动电话,通信非常方便。一多半家庭有两部以上电话,问卷调查的46户人中40户有电话,其中2部电话以上的有27户。老年人带手机也日渐普遍。笔者去一户职工家调查,他新买了两部手机,一部是给母亲的,另一部给自己。

图 5 – 13　晾晒玉米的街道（摄于 2007 年 10 月 24 日）

虽然地处偏僻，二连职工去过大城市、去过内地的人还不少。42 人自述出去过，其中去过乌鲁木齐市的有 36 人，去过本地区首府的有 40 人，去过县城的有 41 人，去过新疆其他城市的有 14 人，去过北京、上海的各 2 人，去过其他内地大城市的有 12 人。

表 5 – 12　问卷调查户拥有的家庭耐用消费品

品　名	彩色电视机	黑白电视机	洗衣机	录音机	冰箱	电风扇	电脑	照相机
户数（户）	45	2	28	6	18	11	3	2

品　名	小四轮拖拉机	大拖拉机	摩托车	小轿车	自行车		电　话			
数量（辆、部）	1	1	1	1	1	2	1	2	3	4
户数（户）	9	3	38	1	11	1	13	21	4	2

附："换车王"的"烦恼"①

天山网讯（通讯员兰玲玲 蒙玉芝报道）　35 岁的徐军是农四师六十一团农二连的"有车族"，也是连队出了名的"喜新厌旧"之人。从自行车到摩托车，从拖拉机到二手汽车，从北京吉普到吉利轿车，他边淘汰边买进，换得不亦乐乎。

今年（2007 年），他又有了新的烦恼：现在道路越来越平坦，车子越开越好，去年买的吉利轿车在团里又算不上"名车"了，还得再努力啊！

有人称徐军为"换车王"，徐军开玩笑说，那都是一个接一个的"烦恼"催生的。

20 世纪 80 年代，连队没有柏油路，通往外界的路都是职工们利用农闲时间自己备料、铺垫、加宽的沙石路，坑洼不平不说，遇风尘土飞扬，遇雨泥泞不堪。那时候的徐军已对车子痴迷不已，除了拜机务班的师傅学艺外，还省吃俭用买了一辆自行车。后来流行"一脚踹"，他又买了摩托车。穿行在连队的小巷田间，看着灰尘泥泞被抛在身后，徐军常常好不得意。

1993 年，徐军的烦恼来了，他对家人说：两轮的骑够了，咱家换个四轮的吧。这年冬天，拖拉机"轰轰轰"地开进了他家院门。那时，他所在的农二连职工个人还少有拖拉机。

没过几年，徐军的烦恼又来了：团场政策好，自己年

---

① 天山网：兵团＞＞人物 2007 年 11 月 30 日 13：05：19 稿源：《兵团日报》。

戍边人

年增收，挣了不少钱，干脆鸟枪换炮吧。于是，一些普通品牌的二手车在他手里倒腾了一遍，在香港回归祖国这一年，他买回了一辆北京吉普。

进入新世纪，徐军所在的六十一团公路建设突飞猛进，有 3000 余万元投在了团部主干道、环城公路、通连公路、连队道路硬质化建设及八阿、霍都公路改建、新建上。其中八阿公路贯通全团，与 312 国道相连；霍都公路连接霍尔果斯口岸，10 来分钟就能到国门。六十一团成为农四师通油公路里程最长的团场。

放眼一望，团里的私家小轿车如雨后春笋般冒出来，夏利、吉利、奇瑞、桑塔纳、雪铁龙……让人眼花缭乱。徐军又坐不住了，心想：这两年交通便捷了，客商也多了，自家的 100 余亩农作物年年都能卖上好价钱，一年能挣个七八万元，干脆再换部好车。

去年（2006 年）春，徐军花 4 万多元开回了一辆崭新的吉利轿车，开上新车既舒服又方便，连队职工外出都找徐军包车，他居然还小赚了一把。

没兴奋多久，今年（2007 年），徐军所在连队的职工王世兵、李建兵、林小龙也相继买回了崭新的轿车，和他们的车一比，自己的车又算不上"名车"了，得再加油啊！爱车的徐军又有了新的烦恼。不过，他解释说，正因为这样不断地追求，日子才越过越有滋味。

三　日常生活

从建团之初开始，团场基本就走自给自足的路子，建立起一套工副业生产机构，生活需求基本都在团场内部解决。团场自己制作红砖、石灰、水泥预制板、油毡、木材加工等建房材料；自己进行粮油加工、食品加工，包括磨面、榨油、酿酒，制作酱油、醋、粉条、粉面、饼干、酱菜、豆制品等各种食品。1964 年全团只有团部一个门市部，1966 年后连队里先后设置了公有小商店。20 世纪 80 年代出现了补鞋业、修理业、服装业、饮食业和几家个体小商店。1997 年，全团形成上百个个体商业和服务业网点，团中心市场每天有上百个摊位，大大方便了团场居民的生活。

　　20 世纪 60 年代，团场生活条件十分艰苦，主食以玉米面为主，人们喝玉米糊糊，吃发糕、玉米饼。每月供应少量白面，肉、食油更少。70 年代，玉米面逐渐减少，肉油供应增加，生活略有改善。20 世纪 80 年代，白面、大米取代了玉米面，肉、食油放开供应。以后随着收入的提高，生活水平普遍提高，食品也越来越丰富多样，绝大多数人都达到了衣暖食饱，但团场职工一向生活节俭，在饮食消费上较为节制。一位退休职工（女）说：以前每月男 40.52 元，女 31.08 元，多少年，养活一家五六口人。当时肉一公斤 1.38 元，面粉一公斤 0.312 元，清油每月 200 克，1.75 元一公斤。肉吃不上，买肉排队，要肥肉。现在肥肉都没人要了，要健康。

　　二连职工虽然都从事种植业，但自己生产的农产品基本都是商品，或为订单产品上缴，或走向市场销售。每家每户院落里生产的蔬菜新鲜，季节性却很强；没有磨面、榨油设施，小麦、油葵等基本都上缴或出售，自己食用的米、面、油等主要靠购买；家庭养殖局限于养些鸡，可以吃到新鲜的鸡蛋、鸡肉。二连离团部不远，经常有小商贩到二连营区销售猪肉、蔬菜、豆腐等，职工们周五自己到团部巴扎（集市）购买生活用品，生活上也颇为方便（见图 5-14）。农副产品的涨价同样也困扰着以农为主的二连职工。一位老退休职工说：连里养猪的少得很，吃的肉基本是买的。到团里买，六十二团有个卖肉的专门来卖大肉。现在大肉 20 元一公斤，有时卖到 25 元。羊肉吃得少。羊肉更贵，吃不起！抽 20 元一公斤的莫合烟。香烟太贵，一个月要抽掉 60 元，三条烟都不够。在我们的问卷调查中，有 44 户谈到家庭在 2006 年的饮食消费，平均年消费额为 5289 元。一位女职工说自己家中有 3 口人，需购买大米 4 袋，面粉 6 袋（50 元/袋），清油 50 公斤，蔬菜 600 元，肉 150 元，等等。

图 5-14 团部巴扎的人流（摄于 2007 年 10 月 26 日）

职工购买日常用品不用出连，连里有 3 家小商店（见图 5-15），都是退休职工开的，门面就是店主住宅的一部分，可以随时购买。

图 5 - 15　小店 (摄于 2007 年 10 月 24 日)

第四节　婚姻家庭

一　家庭

二连职工的家庭绝大多数都是小家庭。问卷调查的 50 户家庭中, 家庭平均人口 3.24 人, 其中最多的是 3 口之家, 占到被调查数的 56%, 其次是 2 人 (18%)、4 人 (12%)、5 人 (8%)、6 人 (4%)。没有单身家庭。

在家庭结构上, 核心家庭 (一对夫妇和未婚子女) 数量最多, 有 31 户。其中有 26 户是父母和一个未婚子女, 3 户是父母和两个未婚子女, 1 户是父母和三个未婚子女, 1 户是父母和四个未婚子女。这类核心家庭多是中青年夫妇与未成年子女组成, 在被调查人的年龄上, 有 18 人在 30 ~ 39 岁之间, 9 人在 40 ~ 49 岁之间。六十一团是边境团场, 汉族居民也可以生育两个孩子, 但大多数青年夫妇都只要一个孩子。

三代家庭有 8 户，基本都是父母与一个已婚儿子、儿媳及孙子女，或者再加上未婚子女，为主干家庭形式。

一代户都是夫妻两人家庭，有 9 户，其中 6 户被调查人都是 60 岁以上的老人。这些老人都有子女，但没有和子女共同生活。子女或者在外地，或者在同一连队，分家另过。我们的问卷调查对象共有 8 个是 60 岁以上的老人，除了这6 户两口之家外，还有 2 户家庭分别有 4 人和 5 人。

据介绍，二连 90% 的人成家后与父母分家，与父母同住的只是个别人。二连这种小家庭为主的情况，在兵团也是普遍现象，其原因，一是家庭生育数量少，家里普遍一个子女，即使是二连可以生育两个孩子的，也以一孩家庭为主；二是子女成家后普遍与父母分家。子女结婚后，与父母共居，虽然能够相互照顾，但家庭矛盾也很难避免，尤其是婆媳矛盾，是长久以来就家庭中的主要矛盾。2006年 5 月连里就调解了一场家庭纠纷：樊×由于年龄已大，无退休工资，和儿子一家住在一起。由于生活习惯等原因，婆媳经常发生冲突。连队经调查，发现儿媳有些方面确实不对，但大多数情况都是因为樊×年纪大，糊涂，无中生有造成。调解员对儿媳批评教育，要求她以后善待老人，照顾老人生活。兵团老职工都有养老金，有独立生活的经济能力，经常是儿女沾父母的光，而不是父母靠儿女养活，他们往往自己选择独立生活。而且，农牧团场的一些制度客观上也促使更多的人分家，如两用地是按户划分的，危房改造补助也是以户为单位，只要分家另立新户就可以享受到相应的利益。同时，兵团职工的第二代、第三代在外地工作的人较多，与父母生活在一个单位的子女数量减少。

表5-13　问卷调查户的家庭结构

家庭类型 调查户	一代户	两代户		三代户			合计
	一对夫妻	核心家庭	父(母)与已婚子媳	父(母)与一个已婚子媳及孙子女	父(母)与已婚子媳、孙子女及未婚子女	父母与子女及孙子女	
户数(户)	9	31	2	5	2	1	50
比重(%)	18	66		16			

请看以下这几个家庭。

退休职工L（男，70岁）：家里只有夫妻二人。有3个儿子，一个儿子在本连种地，两个儿子在酒精厂工作，都已婚，有自己的家庭。儿子们结婚时二老准备彩礼、新房、婚宴，花费不少。现在在本连种地的儿子生活状况不是太好，老人说钱不知怎么花的。双双都有退休金的老人也无心再给成家的儿子更多补贴，而要用钱支持孙子女的教育。

家属N（女，61岁）：家中只有夫妻二人。小儿子在乌鲁木齐市打工，未婚。女儿在团里工作，已婚。大儿子已婚，在本连种了3份地，其中包括小儿子的份地。N说，大儿子种了小儿子的地，但儿媳不愿承担小儿子的"三金"，令她很无奈。

退休职工S（女）：家中夫妻二人，自己开了个小商店。一个儿子在福州工作，一个儿子在团里酒精厂工作。酒精厂倒闭，儿子30多岁，没有工资收入。S说，没有工作的儿子只能靠老婆，吃软饭，吃受气饭。老婆一月也就四五百元，打扫卫生，生活困难。两个女儿在美国，还没成家，一个已经拿上了绿卡。由于子女们很有出息，S家是一个令连里职工羡慕的家庭。

退休职工T（男）：家中夫妻二人。1960年T来到新疆，1962 年调到本团。现在有 4 个孩子，两男两女，均已婚，都在本连队生活，各有家庭，T 和老伴住在女儿不要的土房里，破旧，雨天漏雨。几个孩子都住上了新房，T 自己住的不如儿女住的。

虽然职工家庭中夫妻地位较为平等，男女都参加生产劳动，家庭中的大事一般都由夫妻共同商量，但观念上男子还是在家庭中起主导作用。在明确填写户主情况的 41 份问卷中，33 位男性除一位 35 岁男士（家中有夫妻及女儿 3 人）填写自己不是户主外，其他都声称自己是户主；8 位女性都填写自己不是户主。而且调查中也感到女性对生产的支出及收入方面的数据不如男性清楚，这说明在生产中男性起着主要作用。

二　婚姻

希望建立稳定的婚姻关系和家庭关系仍然是我们这个社会对成年男女个人生活的期望，绝大多数人也遵循这个生活常规，终身不结婚的人极少。到了通常应该结婚的年龄，却依然孤身的人，也要承受很大的社会压力。而婚姻是一种社会关系，需要相应的条件才能建立并巩固。六十一团的人口一直是男性多、女性少（见图 1－2）。1964 年，十三团人口的男女性比例仅为 3∶1，男性大多未婚或配偶在内地，先结婚后恋爱的现象较普遍。1965 年开始，很多转业军人家属来疆，男女比例失调的问题有所缓解。1971 年全团人口中女性占到 49.4%，1997 年女性占总人口的 49.6%。男女比例较接近是建立正常婚姻关系的前提。但在 2006 年，女性人口占全团人口的 48.5%，尤其是连队中，大龄未婚的男青年数量较多。且看这样一则新闻报道：

六十一团近百名大龄青年急觅配偶①

该团近百名大龄青年找不上媳妇成不了家，让这些小伙子和他们的亲朋好友、单位领导又急又愁。农二连、农十连等单位的大龄青年80%以上都有地，部分青年还有果园、桃园、牛羊等，年均收入近万元，也算是丰衣足食了。农二连22名大龄青年就有18人有了自己的砖房。通过对大龄青年分布较为密集的园五连、农二连、农十连调查了解，连队有点"劣迹"、"调皮捣蛋"的小青年们反而都早早成了家，而那些老实本分、腼腆内向的小伙子却迟迟揽不来"对象"。这些人中有不少都是职工眼中的"勤快人"。据了解，这些大龄青年"立业易、成家难"的主要原因有二：一是本团不少姑娘学业有成后便留在了外地，学业未成的也不愿务农去了城里；二是受地域、观念等因素影响，团场外来姑娘少，大龄青年外出交流少、参加团体活动少，栖枝的"凤凰"自然少之又少。该团党委把加快林果业发展和土地开发步伐作为振兴团场经济、致富职工群众的"招凤工程"，并投资1个亿搞好团场基础设施建设，同时采取多种形式为大龄青年送致富技术、"交友"信息等，帮助不少大龄青年筑起了"爱巢"。

在我们调查之时，二连大龄男青年未婚的现象仍然较严重。

连干部T：全连男的30岁以上没结婚的有7～8个，40岁以上未婚的有3个，还有4个50多岁的男的老单干户，

---

① 新疆天山网，http://www.tianshannet.com.cn，2006年7月14日17：47。

离婚的，还有 60 多岁的。单身的男的，一般都有房子。这里结婚年龄一般是 26～27 岁。不好找对象，上了学的都不回来，不去打工的也找不上对象。没有对象的都是考不上学、没技术的。连里本身就是男孩多，女孩 23～25 岁就结婚，到外面的多，有嫁到外连、外团的。我们现在男青年找对象都找到公社，有好几个。

退休职工 L（男，70 岁）：男的一直都有找对象难的情况。女孩一般都结婚，23～25 岁结婚的较多，也有 28 岁、30 多岁结婚的，她们不怕找不上对象。男的个人条件，包括个头都要考虑，弟兄多的更难。全连光棍 20 多个，40 岁以上未婚的 2 个，30 多岁未婚的 20 多个。光棍最多的就是二连，没钱，姑娘不来，寡妇都不愿来。女孩子出去打工，都出去找了。

未婚男青年 Z：我今年（2007 年）32 岁，未婚，没有承包土地，也不是农二连的职工，现在单独生活，前面的房间是我自己的。我们兄弟姐妹 4 个人，爸爸去世了，妈妈跟弟弟生活在一起，弟弟在团部中学教书。我们连队还有不少青年人（男子），估计有十来人，都是过了 30 岁没有结婚，他们为什么没有结婚我不清楚，我很少跟其他人交往（据连里一位老年妇女说，Z 因为恋爱问题受到刺激，神经不正常）。

对于存在这么多的大龄未婚男青年，连队干部也无奈，对我们解释：现在婚姻是个人的事情，他们自己的问题自己可以解决。边远、贫困区域待婚人口中男多女少的现象普遍存在，条件好的女子实现了"上嫁"并借此改变自己生活的希望，一些留下的男子自然无女可娶。虽然小范围的性比例失调较易调整，但较多的成年男子长期处于成家困难、被迫不婚的境地，除对其个人及家庭的生活、心理影响很大外，也会对当地治安以及社区的凝聚力产生不良影响。

二连也是男娶女嫁的婚姻，结婚后女方一般随男方生活。在调查中，仅遇到一例男方从妻居住，自述为上门女婿（43 岁，1985 年来新疆，目前家里夫妻俩及 1 个上高中的女儿）。嫁给二连男子的女性一般来自三个区域：一是兵团内的，主要是本连或周围连队的兵团职工的孩子。二是疆内非兵团的，主要是霍城县周围乡场的，如伊车嘎善乡、莫乎尔乡、芦草沟乡等（退休职工 M 的侄儿 2006 年结婚，娶的是芦草沟乡的女子，她姐姐也嫁在二连。职工 X 于1999 年结婚，媳妇来自伊车嘎善乡。还有一位职工娶的是莫乎尔乡的女子）。三是内地老家娶来的。

团场职工子女之间的联姻最为普遍，而且不少人是在本连内找对象。这在二连退休职工 G（女，56 岁）的部分亲属图中表现得很明显。由于家境相仿，经历相似，彼此知根知底，孩子们也在同一种环境中生长，共同点很多，由恋爱而结婚的机会也较多。职工子女结婚，婚事花费也相对较低，职工子女一般也是职工身份或容易得到职工身份，可以得到团场的福利。G 介绍了当地的婚姻情况：二连娶老家女孩的有几家，四川、河南的都有。娶兵团女孩的多，几千元钱就能结婚，（因为父母）退休后有养老金，不指望年轻人养活。娶地方的女孩花费大，要几万。从红旗公社（霍城县冲乎尔乡）娶的媳妇给现金彩礼就两万，再买些家具、生活用品，还要有房子，结婚时就要有新房，婚后就分家。老两口单住，也不和儿女们同住，事多。有的家房子盖好了，也没娶上媳妇。

G 给我们谈了她的部分亲属关系。G，52 岁，四川人。G 的丈夫，60 岁，江苏人支边来的，过去搞机务，因公受伤后病退。G 与丈夫都是再婚，结婚已 10 年。丈夫与前妻有 4 个孩子，G 与前夫有 3 个孩子，夫妻俩及孩子们的关系都相处得不错。丈夫的哥哥已经 80 岁了，也在二连，他妻子也是二连的。G 的弟弟是 2001 年从四川来的，还没有落户。G 的二儿子 1995 年前后娶的四川媳妇，第二年回家探亲，把亲家一家三口都接来新疆。从图 5 – 16 中可以看出，连队职工之间彼此的联姻，使 G 家在几十年内在当地形成了一个大的亲属网络，据说在二连内几十户家庭都能与 G 家套上亲缘关系。

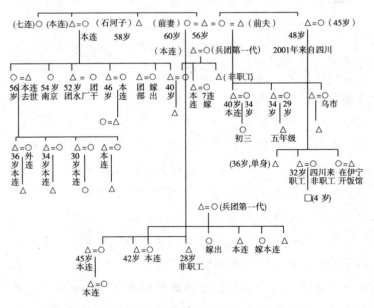

图 5 – 16　农二连退休职工 G 家部分亲属关系

　　注：△为男性，○为女性，□为性别不清，= 为婚姻关系，横线为兄弟姐妹关系，竖线为代际关系。

　　结婚往往意味着一个新家庭的组建，男女双方父母为孩子们准备婚嫁之礼，使其能够顺利开始新家庭的生活。为此，还需要举行正式的婚礼仪式，婚礼要有男女双方家长、亲朋好友、单位领导参加，意在宣布一对新人合法婚姻生活的开始，两个家庭因为子女的联姻而成为亲家，两个亲属网络系统也由此连接起来。

　　20 世纪 60 年代，办婚事很简单，男女双方单人床二合一便成了新床，公家分一间房做新房，没什么家具。70 年代，男方准备家具，有八仙桌、方凳、大立柜等，给女方买一两套衣服；女方陪的嫁妆，一般是两床被褥、两个枕头、两面圆镜等。80 年代，男方要盖房，买家具、录音机、电视机，女方陪嫁有日用品、洗衣机等，办婚事也讲究陪嫁。总的来看，随着收入水平的提高，结婚费用也在增加。当然，家庭生活状况不同，结婚费用不同，以下是退休职工 L 夫妇给 3 个儿子办婚事的大致花费，他们都是在 20 世纪 90 年代结的婚。

　　退休职工 L（男，70 岁。介绍时主要由 L 讲，偶有遗忘或不清的由 L 妻补充）：一直都是儿子结婚花钱多。儿子结婚，修房，家具、结婚要五六万，全男方掏，不行媳妇就不进来。丫头，有了多给，没有了少给，七八千可以打发。我们有 3 个儿子，成家都是我们的钱。

　　大儿子 1990 年结婚，建房 25000 元，彩礼 1500 元，办席 25 桌，自己喂了头大肥猪，买了鱼等。做家具 2000 元，自己买木头做的。买衣服，给儿子 2500 元，他们自己买。没有给三金（金耳环、金戒指、金项链）。女的是六连的，只有妈妈，爸爸已经去世，给了 1000 元，买了台彩电。参加婚礼的人份子是 10~20 元。

老二 1993 年结婚，25000 元建房。给女方家 1500 元的彩礼。家具 6000 元，高组合、低组合各一套，买彩电 2000 元，熊猫牌的。买衣服、窗帘等用去 3000 元，给小两口让他们自己买。女方陪了两只箱子，两把椅子，穿的、毛毯等，2 床被子，没有褥子，折 1000 多元。请了 8 桌，一桌 8 人，份子钱共 2000 元。

老三 1998 年结婚，结婚 9 年了。彩礼 5000 元，是女方要的。本来给了 2000 元，她妈说只够买泡泡糖，要 5000 元。衣服 1000 多元，彩电 2500 元。没有给三金，没有做家具。当时老三在乌鲁木齐市做生意，给他钱，回来把家具拉回来。1999 年修了房子给他们，19250 元，都是我们老两口的，又建了一个棚子 2000 多元。办酒席 4 桌，一桌花 500 元。收礼 2000 多元，一般一人 100 元。女方就陪了两床被子，什么都没有。

虽然 10 多年过去了，L 夫妇对三个儿子办婚事的过程仍记得很清楚。看得出，每次婚姻都是男女双方家庭的一次博弈，在办成儿女婚事的底线上，双方家庭都希望对方为孩子多拿出一点，而这场博弈中男方家庭的责任无疑更大一些。

结婚需要履行结婚手续。20 世纪 60 年代，男女双方向单位党支部打报告，申请结婚，党支部根据申请者的年龄、家庭出身、政治表现等情况审批，再到组织部门办理手续。同时，还要查双方有无近亲关系，到医院做简单的体检，然后才能办理结婚登记手续。1982 年以后，团场提倡晚婚，规定：男性年满 25 周岁、女性满 23 周岁结婚为晚婚，晚婚婚假 15 天，优先安排住房，免收房租两年。申请结婚者经党支部审核、团医院体检后，到团民政科办理结婚登记手续。

提出离婚者也须先经过双方所在单位党支部调解，调解无效后，到团司法办办理离婚协议，再到团民政科办理离婚登记手续。在《六十一团志》记录的婚姻登记中，1980～1984年全团没有离婚者，1987年有12人离婚，1997年有38人离婚。再婚与复婚人数也在增加，1997年全团婚姻登记中分别有11对再婚者，8对复婚。这几年，二连老年夫妇离婚的较多。正如我们前文所提到的，一些年老的家属因没有自己的生活来源，与共同生活几十年的拿着退休工资的丈夫办离婚登记，成为低保户。据说这样的老年离婚夫妇二连有7对。这里面包含着多少无奈。

家属P（60多岁）：我和丈夫感情以前一直很好，现在我老了，没有任何的经济来源，他就嫌弃我，找了一个我们连队的女的，那个女的也有丈夫，她不愿和丈夫一起过，而她丈夫又不愿离婚，她就把自己的丈夫赶到厨房里睡，和我丈夫住在一块。为了这件事情，我们离了婚，子女和他断绝了关系。

家庭纠纷难以避免，连干部有时充当纠纷的调解人。2007年10月连干部成功调解了一起家庭纠纷。当事人男40岁，女36岁。两口子秋季以来经常吵架生气，男的动不动就打妻，妻无法忍受，提出离婚申请。经调解员劝说，男方保证以后再不打女方，如要再打，家中一切财产全给女方，并写出保证书一份。

虽然连队不大，但也有一些因第三者而起的婚姻纠纷，如前述的家属P。2006年10月，在小麻扎边防派出所办公室接受了一起二连婚姻纠纷。以下是手写的"调解书"。

调解书

调解时间：2006 年 10 月 9 日

调解地点：小麻扎边防派出所办公室

事情经过：

2006 年 10 月 3 日凌晨 1：30 左右，在六十一团农二连常住人口郑××到职工陈××家中，当时她怀疑她丈夫×××在陈××家。双方发生冲突，郑××及其家人将陈××打伤，住院治疗。

调解内容：

1. 经调解郑××同意给陈××赔付住院期间一切费用（凭医院医疗发票为准），住院期间的伙食费 200 元（贰佰元整）、误工补助 200 元（贰佰元整）。

2. 从即日起受害人对今后所发生的后果由自己承担。

调解组织人　　农二连崔永江、徐军　　派出所 吐尔逊

当事人双方签字　×××（手印）　受害者 ×××（手印）

2006 年 10 月 9 日　　　2006 年 10 月

三　生育

1975 年，六十一团开始计划生育工作。团场有严格的制度规定，并有明确的奖惩措施，对独生子女家庭、晚婚晚育者有一系列政策支持或奖励。如 1994 年规定，独生子女父母从领证之日起至独生子女满 14 周岁（现在为 16 周岁）止每月领取 10 元奖励金，并一次性奖励 50 元，独生子女父母退休时加发原工资 5% 退休金，等等。作为边境团场，汉族可以生两胎，少数民族可以生三胎，但必须按照

规定生育间隔并领取"准生证"。对无生育指标生育二胎者，有降级、罚款、行政等方面的处罚，如降男女双方工资各一级；若夫妇均为家属则每月征收超生费 10 元；母亲的检查费、分娩费、住院费均自理；小孩 10 周岁内不能享受医疗包干；是党、团员干部的分别开除党籍、团籍和干部等。从去年（2006 年）开始，兵团少数民族职工还可能受益于少生快富工程，即自愿放弃生育第三胎、只生育两胎者，可一次性获得项目资金 3000 元。二连的职工基本都是汉族，故没有听说被奖励的。

女职工以及职工家属从怀孕到生育都可以享受到良好的医疗服务，她们一般在团部医院妇产科进行孕前检查及生育，产后 3 天母婴良好即可出院，检查费、接生费、手术费、住院费等均可按规定报销，女职工还可享受 4 个月的产期工资。儿童在成长期间，由团防疫站负责儿童的计划免疫工作。

在 20 世纪 60～70 年代，兵团第一代职工的生育率是较高的，一般家庭普遍 3～5 个孩子。70 年代中期以后兵团第二代陆续进入生育期，生育率一直保持在较低水平上。虽然六十一团汉族可以生育两个孩子，但只想要一个孩子的占到绝大多数，事实上从目前中青年家庭看，只有一个孩子的也占到绝大多数（见图 5 - 16），对于有儿有女，或必须要有一个儿子的观念，兵团人认可的很少了，固然有各种因素的作用，抚育成本过高尤其是教育成本过高，孩子面临的竞争压力太大是其中的一个很重要的原因。在我们对二连的调查中，回答"您希望您或您的儿女有几个孩子"的 46 人中，有 42 人（占 91%）的选择要一个孩子（见表 5 - 14）。关于"最希望自己的孩子将来做什么"，有一个人选择教师与农牧民，只有这一个人选择农牧民。选择最多的是教师，47 人中有 20 人选择；其次是干部（18 人）；再次是军人或警察（6 人）；有 1/4 的人表示没有想过孩子未来的职业。但家长们都把让自己的孩子接受良好的教育，将来能有好的前途，作为自己的人生目标之一。

表 5－14　问卷调查：您希望您或您的儿女有几个孩子

单位：人

答卷人类别 ＼ 选项	一　个	两　个	人　数
其中：30～49 岁	32	4	36
50 岁以上	9		9
合　计	42	4	46

退休职工 L（男，70 岁）：现在政策上允许生 2 个，基本都生 1 个，生第二胎计划生育办公室给 1000 多元（表述不清，可能指的是少生快富工程），生 1 个独生子女的没有。独生子女每月 60 元。给钱也不生，一个都养不好，上学就几百元。希望孙子女读好书，考 100 分就奖励 100 元。

第六章　连队组织建设

兵团长期实行班、排、连、营、团建制，是一种党委领导下的集中统一的军事化管理体制。1978年后，撤销班、排、营建制，开始推行各种形式的承包经营责任制。但连队一直是团场最重要的一级管理单位，在行政上相当于乡级单位，管理的人数以及职责更接近于村。连队内以条田设班，设条田长，主要管理条田的生产。

第一节　基层组织机构

连队是团场的基层单位（见图6－1）。根据《六十一团基层干部聘用规定》，要严格控制连队领导职数，精简非生产人员。按照行政单位的管理面积、自然人员数，将干部编制定为：三类单位5名、二类单位6名、一类单位7名。二连是较大的连队，连队干部为7人，分别是连长、指导员、副连长（2人）、会计、统计、出纳，其中至少有一人是女干部。

团场基层连队领导班子的选拔实行党委任命和民主选举相结合的办法。连干部三年选举一次，由全连职工，包括退休职工共同选举。经常会有人落选，不同连队之间的干部也有调动。

图 6-1　农二连连部（摄于 2007 年 10 月 24 日）

　　干部一般都是高中以上学历，支部成员大多在 40 岁以下。在二连，2002～2004 年、2005～2006 年分别有两位连长，任职时都 39 岁。指导员 2002 年在任的 50 岁，2003 年在任的 37 岁，2004 年（到 2006 年）在任的 33 岁。统计在任的时间最长，在二连已经 26 年，2007 年满 52 岁。这几年连里有两位女干部，前两年是会计和出纳，后三年是副连长与出纳，年龄基本都在 30 多岁。连干部的文化程度均为高中或大专。7 个干部中，2002 年有 5 人是高中、2 人大专，2003 年后是 2 人高中、5 人大专，文化程度在提高。

　　连干部座谈会：连里有连长、指导员、副连长、工会主席（维权）、会计、统计、政工员、技术员，大连 7 个干部，小连 5 个干部。有的一人兼几职，如副连长兼工会主席，政工员兼出纳。兵团体制，五、六、七配备，兼十来个职务。连长管生产；指导员管政治思想；会计是委派的，工资由团里管，驻在连队，随连队奖罚；统计管报所有报表。计生员、女工委员合一，都是职工，不是干部，给些工作补贴。计生员要管报表、药具、计生宣传，每月一次对育龄妇女随访。计生、扶贫帮困、普法、职工教育培训等都要管，上面有八大科室，下面就要有人做所有的事，（团、连）一个模式。

现在的连长和指导员分别是 2004 年、2005 年来到农二连当领导。每年连领导要考核，职工满意不到 85% 的就换单位，职工满意的继续干。统计在这儿时间长。干部们的家都不在本连。

团场有党委，连队有党支部，下设党小组。连队党支部执行三会一课制度（支委会、支部大会、民主生活会、党课）。党支部书记一般由指导员担任。2006 年，二连党员 39 名。其中在职党员 17 名，退休党员 22 人，女党员 3 名（一个是连里的政工员，一个已退休，一个是青年职工），下设 5 个党小组。2003 年、2004 年、2005 年二连党支部连续三年被团、师命名为"五好"连队党支部，2005 年被兵团授予"五好"连队党支部，2006 年被师党委授予"先进基层党组织"称号①。

党员要在各项工作中发挥先锋带头作用，积极参与公益劳动、社会治安、扶贫帮困等工作，包括迅速致富。在连里档案的先进党员材料中，记载着退休党员刘开玉五年来不计报酬义务为职工群众发放报刊、书信；退休党员杨佰凯长年坚持义务为连队营区浇树，并将自己打工所得 500 元全部捐给连队；青年党员段新建，2006 年种植了 57 亩制

---

① 《农二连党组织建设》，2007 年 8 月。

种玉米，产值 7.8 万元，纯收入 5.3 万元；青年党员王刚自己筹集资金 46 万元购买了大马力拖拉机，年收入在 8 万元以上。

据调查时连里提供的党员名单，二连 39 名党员，年龄在 29 岁至 77 岁之间，平均年龄为 54 岁。49% 的党员年龄在 60 岁以上（19 人），20% 在 39 岁以下，29 岁以下的只有一位（29 岁）。30～49 岁的党员占到 41%，连队的管理人员都集中在这个年龄段。党员的文化程度，41% 为小学，10% 为大专，33% 是初中，15% 是高中。60 岁以上的退休党员 84% 都是小学文化程度，是小学文化程度的也都属于60 岁以上的老人。其他年龄段的皆在初中以上。有 3 名退休党员居住在内地。

总体上看，党员队伍老化。近些年每年有四五人写申请书，名额只有 1 个，发展比例为 1.5%～2%。从 2003 年到 2006 年全连共发展新党员 5 人，其中 35 岁以下 2 人，36～39 岁 3 人；初中、高中 3 人，大专以上 2 人。

六十一团全团有党组织 31 个，党员共 910 名，其中机关、事业单位党员 151 名，占 16.4%；女党员 158 名，占 17.4%；35 岁以上的党员占 11.2%，36～45 岁党员占 30.1%，46～54 岁党员占 16.3%，55～59 岁的党员占 3.8%，60 岁及以上的党员占 39.6%；大学专科及以上学历的占 23.1%，中专、高中学历的占 26.0%，初中及以下的占 51.9%。可见，全团离退休党员占到了近 40%，初中以下文化程度的占到一半略多，明显存在党员年龄老化的现象。现在各基层单位把发展职工党员的重点确定为：青年致富带头人、科技示范户、能干妇女。近两年来全团共发展新党员 43 人，其中职工党员 42 人，大多是 35 岁以下的青年致富带头人、具有高中以上文化程度①。生活相对富裕的党员比例在增加。

要求进步的青年人参加共青团组织。连队有团支部，团支部书记是连队职工，不属于干部身份。团支部组织团员参加扶贫帮困、突击队、义务劳动以及一些志愿者活动，由团委给些活动补助。根据连里给我们提供的团员名单，二连有团员 11 人，其中 7 位女性；年龄主要在 28～30 岁间（有 8 人），有一位 18 岁，其他人也已 27 岁，年龄明显偏大；文化程度上有 5 个高中毕业、6 个初中毕业。

团场是企业，因此有工会组织。团场绝大部分职工都是工会会员，要缴纳工会会费，占到档案工资的 0.5%。各基层单位将工会会费上缴到团工会，团工会上缴师里。2006年六十一团工会向农四师工会按时足额上缴经费 18.32万元。

在企业法中明确规定职工代表大会是企业行使民主管理的基本形式，是职工行使民主管理的基本机构，是企业最高权力机构（根据农二连议事会记录）。职工代表的分配，职工在 200～500 人的，代表占 25%～20%。2007 年，二连有 308 名职工，302 名会员，有 7 个工会小组，69 个职工代表。

连工会组织，包括工会委员会（6 个成员）、妇工委员会（7 个成员）、自营经济领导小组（3 个成员）、劳动争议调解领导小组（3 个成员）。团工会、连工会每年都要召开一次职工代表大会，讨论职工代表提出的各项议案，解决团、连生产、生活中存在的问题。二连每年至少组织四五

① 《六十一团党员队伍建设情况总结》。

次职工大会，多在春播、秋收等需要统一安排生产之时举行。工会还要组织文化活动，如舞会、篮球比赛、拔河等，丰富职工的业余生活。工会也在为职工生产想办法。2003年二连工会就从团工会借5.5万元，转借给11户职工（每人5000元），期限两年，用于发展养殖业。连里工会活动所需经费向团工会申请，如2007年二连为组织果园评比活动，需要资金350元，打报告向团工会申请经费。

连队妇女代表大会（简称妇代会）是妇联在团场的基层组织，挂靠连队工会。按规定，妇女超过30人，可设立妇代会，不足30人设立妇女小组。妇代会由连队妇女民主选举若干代表组成，10~30人选举一名代表，设妇代会主任1名，根据需要还可设置副主任1名。2005年二连正式成立妇代会，第一届妇代会主任，也是工会女职工委员会主任，是位男性（连里干部）。二连有女职工141人，产生了7名妇代会代表。妇联的工作包括维护女职工的权益，鼓励和帮助妇女学科学，学技术，发展生产，帮助妇女脱贫致富，等等。

二连的"三老"人员（老干部、老党员、老模范）共34人，其中女性7人，最大的年龄71岁，最小的61岁，平均年龄66岁。除一位高中文化程度（62岁，男）外，其余皆为初小文化。虽然皆已年老退休，可以在家安享晚年，但老人们仍尽可能发挥余热，尤其是在连队的社会治安中起到了重要的作用，是"三老队"的中坚力量。

附：六十一团强力推进干部人事制度改革①

（天山网讯）　2006 年以来，农四师六十一团坚持凭实绩用干部，为发展配干部，靠制度管干部，将干部人事制度改革不断向纵深推进。

扩大民主，全面推行公推公选、竞争上岗。夏末秋初，该团进行了大规模的民选连官工作，经过公开报名、民主推荐、现场测评、司法公证等 9 大程序，14 个连队的职工群众选出了自己满意的连长、副连长、书记、副书记及党支部委员。10 月末，该团机关机构改革拉开帷幕，38 名机关干部经过公平、公正的纳编考试、民主测评、实绩和资历评价后，有 7 名干部退出了机关编制。经过全面"选优任能"，使该团机关、连队干部队伍面貌焕然一新。

强化考评，完善干部"素能实绩"考核体系。该团在各级领导干部中实施干部队伍素能建设工程，即领导干部要在思想、业务、作风上过硬，要做能人、知心人、廉洁人，要想干事、会干事、干实事。并以此为目标对干部实行年度目标考核和绩效评定，内容以机关干部"争先创优"和连队干部物质文明、政治文明、精神文明"三个文明"建设考核指标完成情况为主，采取组织考核与干部向职工述职、职工为干部打分的方式评定干部全年业绩，将考核考评结果作为干部选拔任用和职称评定的重要依据。今年（2006 年）以来，该团有 20 余名干部得到提拔任用。

严格监督，营造干部发展创业的良好环境。今年以来，

---

① 天山网：首页＞＞新闻中心＞＞兵团新闻。稿源：《兵团日报》，发表时间：2006 年 11 月 22 日 14：15：18。

该团在已实行的干部任前公示制、任期试用制、末位淘汰制和离任审计制度的基础上，又推出了干部任前廉政宣誓和廉政承诺制，加大了大宗物资集中采购、工程招标和投标及财务中心结算的执行力度，并在各连队全面推行连管会、职工议事会制度，强化民主监督和科学决策。

干部人事制度改革使该团干部队伍落实科学发展观、依法执政和驾驭市场经济的能力得到整体提高，团场发展软环境得到逐步优化，有力地促进了团场农业产业化、新型工业化和文明生态小康连队建设进程。今年，该团 GDP 总量与职均收入均较上年有所增加，团场投资 2000 万元，实施饮水、连队道路硬质化等"8 大民心工程"，目前，这些工程均已顺利完工，职工群众心和气顺，对干部的满意度达到 90% 以上。

第二节　基层管理

连队是团场的基层单位，其主要职责：抓好思想政治工作和稳定工作，分解落实并按照要求完成团场下达的各项任务及经济社会考核指标，组织和协调各种承包关系，实行财务报账制，推广先进科学技术，为承包职工家庭提供各项服务，组织和引导职工按照市场需求发展庭院经济和自营经济①。

连队的重要事情，经过支委会——支部大会——职工代表大会——职工大会的程序进行讨论通过。法律上职工代表大会是企业最高权力机构，党支部事实上是连队最重要的

---

① 《新疆生产建设兵团关于深化团场改革的意见》，2004 年 11 月 19 日。

管理机构，连队里所有重要的决定都由党支部提议或最后拍板。这两年，连队规范职代会制度，实行连管会制度和职工议事会制度，连队重大决策及职工关心的热点难点问题由职工会集体讨论通过。主要领导干部全部通过民主选举产生，每年年底对全体干部进行一次民主评议①。

2005 年二连的职代会，有职工代表 15 人，提出提案 10 件，立案 7 件，其中有关生产经营的 3 件，生活福利的 2 件，其他的 2 件。主要意见包括：（1）连队主要生产渠道陈旧、老化，希望修一些 U 型渠，有利于职工生产，也节水；（2）义务工应按团规定执行；（3）机车的机耕作业要保证质量；（4）营区的环境卫生问题；（5）建设职工娱乐活动场所等。

2007 年 3 月二连召开三届四次职代会，有职工代表 18 人，提案 10 件，立案数 7 件，其中有关生产经营的 3 件，基础建设的 3 件，其他 1 件。所提的主要意见如下：（1）希望团里能够解决连队部分职工住户的自来水问题；（2）连队生产渠道老化，希望改造；（3）果园道路太窄，沟多，希望能让机车填平；（4）减负问题，到底给职工减负多少，果园和大田减负是否同样多，职工不是太明白；（5）制种玉米种的多了，以后水是否能跟上成为问题；（6）今年种甜菜，揭膜时有没有什么优惠政策，是否和去年一样补贴10 元。看得出，2007 年的职代会职工们更关心自己的权益问题。

民主议事会（职管会）制度使连队能较好地处理一些

① 农二连党支部：《农二连创建文明生态小康连队工作汇报材料》，2006 年 11 月。

集体事务。如 2007 年 5 月 30 日二连的一次民主议事会，参加人 19 人。会议内容：为了连队营区干净整洁，（1）连队派车把连队营区几个主要街道的草用除草剂打一下；（2）连队营区各住家户，凡是门口有堆放果树的，全部堆进院内。会议决议：住家户门前的杂物不放进院内的，罚款 100 元，直接从产品中扣除，连队派车派人把杂物拉走，统一处理。连队有一定的经济管理权力，可以采取奖惩措施，使其在连队的管理中有了一定的权威性和强制性。

连务公开是民主管理的一项重要内容。二连经过支委会、支部会及职代会研究后制定了连务公开管理制度，规定：（1）实行发放职工"收支明白卡"；（2）连队重大决策、后备干部、勤杂人员的聘用公开、公示；（3）财务管理费用、连队计划、所产生项目费用公开；（4）职工兑现产品金额公开；（5）领导干部收入、家属种地、经营情况公开；（6）连队土地类别、等级及收费情况公开，困难补助、捐款人员名单公开；（7）义务工的用工分配情况，团下发的优惠政策，农业、自营经济公开。其他涉及连队、职工、群众利益的事都要公开。连队设有连务公开、财务公开、党务公开栏，连部的会议室、走廊、办公室的墙壁上贴着各类告示、名单、账目等。但实际政务公开的内容并不如制度上规定的那样全面，主要是和职工利益有关的各项政策与缴费情况，领导的收入等方面的情况并未见公开。

附：2007 年农二连政务公开的具体内容（档案）

上半年：

一　连队年度生产、财务计划；

二　连队经营管理办法；

三　土地租赁承包方案；

四　税费改革补贴明细表；

五　新一轮土地承包合同签订；

六　第一、二季度享受低保的情况；

七　上半年党费缴纳情况；

八　一事一议费征收标准及兑现表公示；

九　预备党员公示；

十　工会会费预支表公示。

下半年：

一　小麦兑现款明细；

二　甜菜兑现款明细；

三　制种玉米兑现款明细；

四　加工番茄兑现款明细；

五　水费扣款明细；

六　党费下半年缴纳明细；

七　第三、四季度享受低保人员名单；

八　职工收入及福利开支情况；

九　挂账户名单。

按规定，连队干部每季度要走访职工，征求职工的合理化建议。如根据连里档案记录，2007 年 8 月，走访了 89 人，职工提出的建议有：（1）今年二斗、三斗、四斗的渠道被沙子淤死，浇一次水淤一次，希望连里向团里反映；（2）连队西红柿怎样收缴，连队是否能给找人采摘；（3）连队大场草太多，看是每个条田清除还是想其他办法；（4）

191

今年制种玉米面积大，望连队能把晒场解决；（5）连队是否能把果园的路整一下，职工好卖水果。问题很实际，关系到职工的生产、连队的环境。

连队必须保证各项政策、计划的实施，如对于收取土地费、统一种植订单作物、统一收购产品等关系职工切身利益、生产效益等事宜时，如何协调关系，保证计划、措施的实施，连干部需要慎重处理。安排生产是连管理的重要内容。在二连议事会会议记录中有关 2005 年 3 月 5 日、6 日两次安排甜菜种植的会议就说明了这一点，要完成团里布置的甜菜种植计划，连里分别安排了支委与班长会议、全体干部会议，讨论如何扩大甜菜种植面积。在这个会议上，还安排营区内卫生打扫以及渠道清理。连队干部还要搞好生产服务，尤其是在农忙季节需要大量劳动力之时，不少职工寄希望于连里干部协调和组织人力。下面附有连队一次会议的记录，主题是关于二连管理章程的讨论，但议题大都是生产及管理方面的内容。2006 年二连调整种植业结构布局，第一次大面积种植制种玉米。制种玉米种植要求高，工序多，需要劳动力相应增多。连队剩余劳动力加入到制种玉米揭膜、抽雄、砍父本的劳动中，仅连队自己组织的人数就 70 多人，平均人均收入在 600 ~ 800 元之间。从 6 月直到 10 月果园卸果，连队职工组织了 4 个卸果队伍，平均每人每天的收入在 20 元①。但有时也不能满足职工的需求，2007 年西红柿采摘之例甚为突出。

---

① 《农二连自营经济分析报告》

附：2005 年 3 月 18 日：关于二连管理
章程的讨论（二连档案记录）

参会人：20 人（有名字，干部及部分职工）

指导员：关于果园的管理，赵××负责农二连的园林技术服务。

（1）抓好春季果园管理。3 月 7 日在李××果园现场组织学习。

（2）清园在 4 月 20 日前完成。

（3）全园灌水。

刘连长：开大会我要讲的：

（1）"两用地"统一犁、耙，统一种植成吊树干。

（2）养殖业饲草的"三贮一化"。这两年我们团养殖业发展速度比较快，为保护我们的草场，山区放牧，将实行禁牧、轮牧。上山的时间往后推，因此养殖户要准备好羊草，以免闹草荒。再加上平原林带以后不许放羊，这给农区养殖带来了一定的困难。

（3）果树档案 6 月 1 日完成。

2005 年清欠工作：2004 年清欠中未缴欠款的是清欠对象。

连长：宣读管理章程，让议事会成员补充和商议管理章程中不足的地方。

（1）机车作业质量问题。

（2）营区的基础建设，硬质路面的资金到位。

连队还组织各种劳动竞赛活动，希望以此促进职工生产的积极性。2007 年 4 月，对制种玉米种植情况开展劳动竞赛，从面积、长势、管理几个方面进行评比，机车的播种质量、面积评比，共选出 15 户优秀承包户。5 月，对果园的经营、施肥等情况开展评比活动。

连队通过组织"十星级"文明户的评选促进社会道德建设。"十星级"包括 10 个内容：爱党爱国、勤劳致富、民族团结、家和邻睦、环境卫生、遵纪守法、计划生育、移风易俗、学文重教、文明礼貌。二连 2005 年下半年"十星级"文明户评选活动中，全连 208 户中有十星级户 177 户，九星级户 16 户，八星级户 11 户，七星级户 1 户。

连规民约也是连队进行管理的重要方式，但其出台主要是干部们起草，职代会上通过，其目的是对全连居民，主要是职工及其家属的行为有所约束、规范，建立良好的社会秩序和公共氛围，故对职工规定的责任多，权利少，如果违规也多用罚款的形式进行处理。

附：六十一团农二连连规民约（打印稿）

为了维护社会的安定稳定，促进全连各项事业的全面发展，根据六十一团《企业经营管理章程》，结合农九连的实际情况，特制定《连规民约》，望全连职工共同遵守。

1. 热爱祖国，拥护中国共产党的领导，遵守国家法律法规，执行党和国家的路线、方针、政策。

2. 遵守社会公德、家庭美德、职业道德，讲文明、讲礼貌，尊老爱幼、和睦相处，正确处理好职工之间的相互关系。不得惹是生非、拉帮结派，不得聚众闹事、打架斗殴。

3. 弘扬正气，抑制歪风邪气，敢于同各种不良现象和违法犯罪行为做斗争，在办公室、商店等公共场合，严禁赌博、吸毒、封建迷信等一切违法的和不健康的活动。违者，视情节轻重给予组织者和提供场所者（不同的处罚）。情节较轻的予以批评教育，情节较重者予以罚款 50～100 元。

4. 维护连容连貌，搞好环境卫生，美化生活环境，优化育人环境，公共场合生活垃圾定点倾倒，禁止乱倒垃圾，违者罚款 50～100 元并承担清除垃圾产生的一切费用。

5. 积极履行各种义务，主动参与道路、交通、水利等公益事业的修建维护工作，承担抚养教育子女和赡养老人的责任，禁止家庭暴力和虐待行为发生。

6. 自觉实行计划生育，树立晚婚晚育、优生优育的婚育新观念。

7. 维护生态环境，保护森林资源，严禁一切乱砍滥伐，严格砍伐树木许可证制度，杜绝乱砍滥伐现象的发生。违者上报森林派出所，依法处理。

9. 认真搞好土地承包工作，落实生产责任制，不得随便侵占土地，不得随意撂荒弃耕。[①]

10. 搞好安全生产工作，注意防火防盗，注意交通安全。严禁在家中存放大量现金及贵重物品。养殖户要将牲畜圈好，夜间大门要上锁。有条件的养殖户要有护院犬或安装电子警报器。自觉服从对易燃、易爆、剧毒等危险物品和枪支、弹药、管制刀具的管理。

11. 爱护公物，不准侵占集体财物，不准损坏水利、交通、供电、电视、生产等公共设施。禁止用自来水浇菜地，

---

① 原稿没有第 8 条。

195

凡发现用自来水浇地者，没收其浇水工具，并处以 200 元以下罚款。禁止以浇水为理由的任何破坏 U 型渠和干渠、闸门等设施（行为），凡发现违规，经调查确实者，处以 200元以下的罚款，并承担修复设施的所有费用。

12. 辖区内放牧必须跟人，新植林 3 年内禁止放牧，凡因放牧人员失职，造成啃食树木、庄稼者，处以 100 元的罚款，并根据进地牲畜数目进行罚款，羊每只 20 元，牛、驴每头 50 元。

13. 严禁把柴草、饲草堆放在林带边和高压电线及通信设施下，违者所造成的一切经济损失，由堆放物所有人承担一切后果。

14. 连队红白喜事，提倡勤俭节约，反对铺张浪费。连队领导干部看望生病住院的职工群众，购买慰问品以总体价格不超过 30 元为原则。领导干部不得以此看望自己的亲戚朋友。

15. 凡外来人员进住本连的，也必须服从本连管理，尽到应尽义务和遵守本连连规民约。

16. 农闲时，一切以大会战形式开展的活动，连队职工必须按所在条田进行义务劳动，无正常理由拒绝参加劳动者，经连管会确实后，张榜公布，并处以 100 元罚款。

连规民约由连管会负责执行，职工代表大会负责监督。对违反以上有关条款的职工，连管会有进行依法处罚、批评教育等权利。

本连规民约自公布之日起执行。

农二连党支部

2007 年 3 月 12 日

　　团场实行的是团、连两级管理，一级会计核算，连队实行报账制，团场对资金使用实行统一管理，连队主要领导可审批 500 元以下的现金支出，500 元以上到 2000 元以下由团分管领导签字，2000 元以上上呈团主要领导审批。连队的管理费用支出被严格控制，2005 年二连管理费用支出 12.2 万元，其中工资（包括干部和勤杂人员工资）支出占管理费用比例最大（79%）。以此精简拿工资的管理人员，以减少行政开支一直是兵团实施减负政策的一个重要内容。全年办公经费 1050 元。二连没有打印机，打字要到团里，大部分文件档案都是手写，经费较为紧张。

表 6 - 1　　2005 年二连管理费用支出指标

单位：元

工资	折旧费	差旅费	办公费	取暖费	电话费
85700	18399	700	1050	840	780
报刊费	团支部补贴	勤杂人员工资	误餐补贴	办公室电费等	合计
150	300	10800	2400	900	122019

　　资料来源：农二连档案。

　　总的来看，连队基层管理更多着眼于生产、治安、公共设施的修建与维护，连队居民对连队的依赖也主要是在生产和矛盾纠纷的处理方面。从问卷调查看，生产上有困难，尤其是与连里的人发生纠纷，主要寻求连干部的帮助，连队干部在帮助职工解决生产困难、协调居民关系方面起的作用较大。家庭内产生矛盾，连干部也是可依赖的对象。但在家庭出现经济困难、需要借钱时，更多还是找亲属、找朋友（见表 6 - 2）。

197

表6-2 问卷调查：如果遇到困难寻求何人的帮助

单位：人

类别 \ 选项	连干部	亲属	邻居	朋友（老乡）	老人	小计*
生产上有困难	21	16	14	13	—	46
家中急需借钱	3	29	13	32	1	46
与别人发生纠纷	32	2	3	4	—	40
家庭内产生矛盾	8	10	4	7	—	23

* 此处问卷调查系多项，所以小计数据小于总数之和。

在问卷调查中，谈及对二连发展的评价时，评价相对好的是社会治安，有51%的被调查者认为很好或较好。对于生产发展评价的差异性较大，有29%的人认为很好或较好，而有27%的人认为不好或很不好，认为很不好的有6人，是对四种评价项目中评价者最多的一项。对于群众生活，多认为一般；在干群关系方面也不乐观，认为不好或很不好的也占到27%（见表6-3）。最希望政府做的事就是提高城乡居民的经济收入，其次是改善办学条件，最后是改善医疗卫生条件（见表6-4）。

表6-3 问卷调查：对本连发展的评价

单位：人

类别 \ 选项	很好	较好	一般	不好	很不好	不清楚	合计
生产发展	5	9	21	7	6	—	48
群众生活	4	7	28	5	3	1	48
社会治安	9	16	21	3	0	—	49
干群关系	5	6	22	10	3	3	49

表 6 - 4　问卷调查：最希望政府做什么事

单位：人

排序＼选项	提高经济收入	改善医疗卫生条件	改善交通条件	改善办学条件	改善社会治安状况	人数
第一希望	43	4	1			48
第二希望	4	6	3	27	2	42
第三希望		25	4	6	1	36

　　连队制度管理中档案管理是一个很重要的内容，在目前的行政管理体制下，档案中的痕迹资料往往成为是否做事或是否按制度做事最重要的证明。调查中就深感连队档案资料之丰富与规范远远超出一般乡村，连队有关工作人员在档案制作及管理方面下了很大的工夫。当然，由于工作人员有限，工作范围有限，显然同一工作使用在不同的汇报材料中，作为不同口子的工作内容，如扶贫，既是党支部的工作，又是工会的工作，如果是女职工，还是妇联的工作；处理生产纠纷，既是综合治理的人民调解工作，也是工会的劳动争议调解，还是生产管理。

第三节　社会治安与纠纷调解

　　团场对社会综合治理很重视。1989 年，团里成立了社会治安综合治理领导小组，1991 年改为委员会。社会治安综合治理工作的关键是"群防群治"工作的落实。1990 年，团综治工作按照"谁主管，谁负责"的原则，采取"条块结合，以块为主"的层层责任制，实行治安专业队伍工作与职工群众工作相结合的方法，团包团，连包连，干部包职工，党员包群众，家长包子女，实施社会治安承包责任制。各基层单位均建立健全综合治理领导组织,配备治安员、警卫员。各单位动员离退休老党员、老干部、老职工组织看家护院义务联防队,戴红袖章在连队营区巡逻治安。

团场内的人员构成相对单一,基层管理严格,治安情况较好。2005 年,六十一团根据兵团及师里要求,开展"创建平安农四师"活动,要达到"六平",即"平安社区、平安学校、平安医院、平安连队、平安家庭、平安卫士"。全团设有警备区 3 个,报警点 4 个,共有协警 32 名,治保小组 22 个,联防组织 16 个,民调小组 15 个,重点部位 56 个。通过多方面的措施,团场的各类案件发生都有所下降,2003 ~ 2005 年,刑事案件下降 50%,治安案件下降 65%(见表 6 – 5)。

表 6 – 5　六十一团刑事案件与治安案件的发案情况

案件类型\年份	恶性刑事案件				治安案件		
	合计	恶性案件	盗窃案件	一般案件	合计	殴打他人	酒后滋事
2003	34	12	16	6	25	15	10
2004	24	4	14	6	32	20	11
2005	17	1	9	7	21	14	7

资料来源:六十一团综治委:《六十一团年终检查考评总结》,2005 年 11 月。

建设平安连队是平安建设的基础。在二连,根据要求,连队设立各类综合治理机构,如综治领导小组、治安保卫委员会、调解委员会、创建安全文明小组、普法领导小组、帮教小组、三老队(见图 6 – 2)。除三老队外,其他机构的人员基本都是连干部,指导员任几个机构的组长,基本为一套班子,多块牌子,如治保委员会与调解委员会都是 7 人,为一套班子。二连营区划分为 8 个片区,各区有专人负责治安。在安全防范中需要注意的重点部位有5个，重点人员4个，帮教对象4个。连队与家户、班组、小区长、重点部位签订责任书，各负其责，开展"十户联保"和"警民共建"活动。团里在每个连队和社区专门配齐了26名专职治安员，2005年每月工资由450元提高到700元，二连就有1名治安员，还有2名警卫。连里安排连队干部常年值班，治安员值勤，"三老队"值班。近年来，连队无"黄赌毒"现象，无参与非法宗教和邪教人员，无违法及重大刑事和治安案件，无集体上访事件，连队重大安全事故为零①。

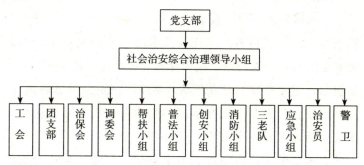

图6－2 农二连社会综合治理组织机构

三老看家护院队也称"三老队"，这是连队设立的离退休老党员、老干部、老工人看家护院队。由政治觉悟高、责任心强、身体健康的同志自愿担任，共68人，其中2个队长，7个组长。"三老队"员佩戴红袖标，轮流值班，分片管理，经常巡逻，对上班时间营区的陌生人进行盘查，对可疑人员进行排查，使营区的治安情况有了保障。如

---

① 农二连党支部：《农二连创建文明生态小康连队工作汇报材料》，2006年11月。

2006 年 5 月，大部分职工忙于生产，连队营区的人很少。而此时正是闲散人员作案时候，连队组织三老队值班，排查外来可疑人员 2 人，该月连里无一起盗窃案件和其他案件发生。连队退休人员较多，又多有防范和互助意识，给在外工作的居民一种安全感。我们在一家居民中进行调查时，主人说平日家中无人也从来不锁院门，可以随意进出。据档案记录，二连仅 2002 年发生刑事案件 1 起，治安案件 2 起，此后没有发生新的案件。"三老队"也面临人数减少的问题，据队长介绍，2006 年老人们 12 天轮一次岗，2007 年 7 天就轮一次，有的老人住到团部了，有的老人身体不好。

提高家庭的自我防范意识，创建"平安家庭"，是平安建设的一个重要内容。二连就要求居民看好自己的门，加强安全防范，加固门窗，家中存放现金不得超过 400 元；贵重物品、重要物资、农畜产品，要存放在安全可靠的地方；重要机械、车辆要停放在牢固的库房内；牲畜必须关在牢固的圈舍内过夜。关好窗，锁好门，确保万无一失。流动人员需暂住的，由户主进行治安担保，并参加单位组织的法规学习，服从单位管理。

连队对各种矛盾纠纷排查做了大量工作，并尽可能地使矛盾在基层解决，避免职工上访活动的发生。平安连队的一个重要目标就是集体上访为零。但由于一些事件是制度性原因引起的，连队的工作可能使职工的上访活动被抑制，并不能根本解决问题，这样虽然减少了上级部门面临的矛盾纠纷，但也使有意见的职工将矛头指向基层领导，加剧了下级干部与群众的矛盾。而基层领导对一些问题的解决无能为力，如果这些问题始终不能通过正常的渠道向上反映，就有可能使问题累积，因不能得到疏导而使危机潜藏。而且我们在调查中也感觉到，二连的居民争取自己权益的意识较强，同时对通过正规渠道保护权益又往往缺乏信心，因此动辄提到上访，如调查中一位家属就说，如果她的家属的养老保障问题不能解决就到兵团上访，另两位退休老职工因过去战斗经历没有得到档案认可，有可能在待遇上受到影响，提出如果问题不能解决，就派代表到北京上访。

以下是 2006 年、2007 年二连档案中的纠纷排查情况登记表。从登记情况看，2006 年排查 11 次，除 1 月份外，每月 1 次，主要是在春播、夏收、缴粮等连队矛盾较集中时期，或春节、冬闲时期，排查的主要内容有治安、邻里纠纷、生产纠纷、消防等内容。从记录看，预防及时，措施有效，达到了排查矛盾或调解纠纷的效果。2007 年排查了 8 次（截止到我们调查之时的 10 月底），基本也是 1 月 1 次，但与 2006 年的情况有些差异，2007 年有几起是关于"家属队"、土地承包、计划种植及订单产品（番茄、制种玉米）低产量问题，排查的重点以防止上访为主要目的，其中有的矛盾可能会随时间推移而逐渐化解，有的只能是避免矛盾上移，并没有解决问题。

纠纷排查情况登记表

● 2006 年 2 月（参加人：崔、刘、徐）。

正值春节期间，连队一些青年酗酒，预防打架、斗殴事件发生，连队进行纠纷排查。

没有发生因酗酒而打架、斗殴事件。

● 2006 年 3 月（参加人：崔、孙、徐、刘、蒙）：土地纠纷。

春播工作已开始，个别同志因牵扯到和邻居地有误差，经常发生一些土地纠纷矛盾。

矛盾排查共发现土地纠纷事件3起，调处成功3次，使春播正常进行。

● 2006年4月：邻里纠纷。

4月是小麦进水期，大部分小麦开始进水，相邻都是才播的春播地，浇水有淹地、冲地的现象，连队对此进行排查。通过宣传，本月仅发生一起因浇水淹地现象，经过调解，双方都很满意。

● 2006年5月。

此时正值连队回管期间，大部分职工忙于生产，连队人很少了。这时正是闲散人员作案时候，我连组织三老队进行值班，排查盗窃案件的发生。三老队努力负责，无一起盗窃案件和其他案件发生，排查外来可疑人员2人。

● 2006年6月。

该月是夏季高温季节，做好连队安全隐患排查。

经排查，发现部分家庭电线安装不规范，大场线路过于老化，进行了整改。

● 2006年7月。

已是夏收季节，各项矛盾、隐情都可能发生。

排查：夏收安全及交通安全，外来闲散人员、防火防盗等。本月发生了一起职工因争清粮款而发生争执的纠纷，后又因种子原因双方发生争吵，甚至打架动手。后交到派出所处理，经连队调解后转为调解处理。

● 2006年8月。

该月是各类桃子成熟的高峰期，为了保证果品能正常销售，对果农和经销商之间易发生的矛盾进行排查。

没有发生大的纠纷，时而有些争吵。

● 2006 年 9 月。

正值农忙，职工忙于生产，连队对可能发生的各种矛盾进行排查。

没发生一起安全事故等。三老队排查可疑人员 3 人。

● 2006 年 10 月。

排查主要矛盾：

1. 职工交售产品兑现时，连队扣完了没有领现钱，职工心情不太好。

2. 职工在交售产品时，和各部门容易发生矛盾。

没有发生一起事件。

● 2006 年 11 月。

职工没有什么事可做了，主要排查几项易发生的矛盾：

1. 职工赌博现象；

2. 酗酒打架斗殴现象；

3. 取暖煤气中毒排查。

没有发生一起事件。

● 2007 年 1 月 25 日。

1. 实行税费改革，部分没地人及"五七"家属有上诉迹象。

2. 冬季，人员都闲下来了，部分人员酗酒，有打架斗殴倾向。

调处情况：没地职工按要求写出申请，连队将逐步给予解决土地。家属工已有的土地连队暂不收回，没地的也不给地。连队做了大量细致的工作，没有发生上访事件。

● 2007 年 2 月 25 日。

"两会"期间预防"五七"家属上访。

调处情况：连队干部每人承包 2～3 个家属工，对他们进行政策讲解，做到 24 小时监控。"两会"期间没有发生一起上访事件。

● 2007 年 3 月 25 日。

情况：1. 承包开始了，部分没地职工要承包地，给连队带来不稳定因素。

2. 承包户之间的土地纠纷。

调处：1. 没地职工经连队研究，决定划给部分地，每个职工只划给定额之内的地，多不划分。

2. 土地纠纷问题由统计进行丈量。

● 2007 年 4 月 25 日。

情况：春播开始了，部分职工种植与连队安排的种植计划相抵触，有不按计划种植倾向。

调处：连队对部分职工进行政策宣传，经宣传，大部分同志都能按连队计划种植，仍有个别职工不执行，连队就按经营管理办法执行，加收土地费。

● 2007 年 6 月 25 日。

情况：1. 进入秋季浇水高峰期，有可能因为浇水面发生一些不稳定因素。

2. 6 月份是早熟桃子上市的时间，有可能发生客户与果家产生一些经济纠纷。

调处：1. 连队应加大宣传，及时与水管所协商，以做好职工浇水配制工作。

2. 连队派一名干部负责果品收购，出现纠纷及时调解，绝不能发生上访事件。

● 2007 年 9 月 12 日。

情况：连队到了"立秋"农忙时间，大量外来人员进入到连队进行劳务打工，此间最容易发生因劳务报酬而发生的各种纠纷，同时也是做好防火防盗的重要时间。

调处：1. 针对外来劳务工有可能发生的各项纠纷，连队及时派干部专门负责此事，有什么矛盾立刻在连队解决，绝不能造成上访事件发生。

2. 秋收期间的防火、防盗工作要加强宣传，做到家喻户晓，连队加大"三老队"的巡逻。

- 2007 年 9 月 20 日。

情况：我连加工番茄承包户，因为加工番茄产量低、病虫害严重、没劳力采摘等原因有上访的迹象。这部分职工前期已经上访过，但现在通过采摘，产量低，严重影响职工收入，他们有可能还要上访。

调处：连队做了大量宣传教育工作，将团加工番茄政策宣传到每个承包户，让他们尽可能地多采摘几遍，才能提高产量，才能有自己的收入。通过说服动员，才使得承包户情绪有所稳定。

- 2007 年 10 月。

情况：我连早熟制种（玉米）2406 品种全连已交售完毕，全连平均单产 270 公斤，造成职工收入低。这一部分职工情绪不太稳定，有上访的迹象。

连队及时与团和制种公司协商，给予这部分职工最低收入保障赔偿，才使得职工有所稳定。但不排除职工有继续上访的可能。

1985 年，六十一团在基层单位健全了人民调解委员会，各单位有调解员 5～9 人，调解委员会主任由党支部书记担任。连里调解委员会在基础的民事调解方面也做了大量工作，化解了不少矛盾与纠纷。我们在连部档案中翻阅了人民调解受理纠纷登记表，基本情况为：2006年受理9起，分布在3~7月，以3月（3起）、5月（2起）和7月（2起）较多。2007年（截止到我们调查时）受理9起，分布在4~10月，以4月（2起）、10月（3起）较多。纠纷大多是在本连队职工之间发生，涉及生产、生活、家庭、婚姻等各方面，如土地纠纷（浇水淹了邻居的地、犁地错犁了邻居的地、多占邻居的地、承包地调整等）、打工纠纷、家庭纠纷（养老、夫妻矛盾等）等。2007年受理的纠纷中有3起都是雇主与打工者为支付工钱或工作质量问题发生的纠纷，这是在2006年所没有的。原则上提倡纠纷当事人自行协商解决，只有自己解决不了的矛盾才找到连里要求调解，如果调解员也不能成功调解，就转交派出所进行调解。连队的调解员基本都是连队干部。以下是2006年与2007年二连人民调解受理纠纷登记。

人民调解受理纠纷登记表

● 纠纷类型：土地纠纷。

当事人：周×（34岁），王×（36岁）。

2006年3月12日受理调结。

经过：王×在2005年冬翻时，晚上由于太困乏，犁地时把周×的冬麦地犁了两行约200米长。经连队调解，周×的损失由王×承担，土地由周×种植，邻居种什么周也种什么，费用由王×承担。

● 纠纷类型：土地纠纷。

当事人：刘×（46 岁），周×（32 岁）。

2006 年 3 月 15 日受理调结。

经过：刘×在 2005 年冬播时，由于机车作业不当，把周×的已播小麦给埋了厚厚一层土，压了两行小麦，造成没有出苗。统计员到地里查看。被盖的小麦今年由刘×种植，并承担费用。小麦收割后交给周×种植。

● 纠纷类型：土地纠纷。

当事人：侯×（40 岁），兰×（38 岁）。

2006 年 3 月 24 日受理调结。

经过：1999 年侯×退休时将自己承包的 45 亩地转包给兰×。2005 年侯×要求兰×将地退给自己承包。兰×于 2005 年退给侯×23 亩，自己种 22 亩。双方都想种植（22 亩地），不退让，交到连队调解。调解结果，地还是兰×种植，承包合同一定 3 年不变，收费在 2006 年基础上上浮 30%，并于调解后缴清 2006 年一切费用。

● 纠纷类型：邻里纠纷。

当事人：杨×（36 岁），倪×（38 岁）。

2006 年 4 月 21 日受理调结。

经过：2006 年 4 月 19 日杨×在浇小麦地时，晚上由于水太大，水跑到倪×刚播的地里，损害其农田 4 亩。连队调解结果，倪×4 亩多地的机耕费、种子费由杨×承担。等地里能下车后，重新翻播。

● 纠纷类型：家庭纠纷。

当事人：樊×（78 岁），石×（32 岁）。

2006 年 5 月 10 日受理调结。

经过：樊×由于年龄已大，无退休工资，和儿媳石×住在一起。由于生活习惯等原因，婆媳经常发生冲突。连队经调查，发现儿媳之间有些方面确实不对，但大多数都是樊×年纪大，糊涂，无中生有造成。对石×批评教育，以后要善待老人，照顾老人生活。

● 纠纷类型：邻里纠纷。

当事人：付×（36岁），王×（28岁）。

2006年5月20日受理，24日调结。

经过：付×在19日晚浇水时，由于水太大，冲垮坝口，跑到王×制种地里，把土全部冲走，玉米根全部暴露在外。自行解决一直没有达成协议，又找到连队进行调解。调解结果，冲毁的地由付×负责培土垫沟，待地里能进机车后，再重耕一遍。

● 纠纷类型：土地纠纷。

当事人：刘×（31岁），赵×（40岁，住伊力）。

2006年6月2日受理，4日调结。

经过：人畜饮水施工队施工时，把刘×的黄豆地里挖了一条沟，后垫土不及时，造成渠道里下来的水全部跑到刘×的黄豆地里，刚出苗的地淹了5亩多。双方私下没有达成协议，找到连队要求解决。经协商施工队给刘×赔500元。

● 纠纷类型：邻里纠纷。

当事人：林×（37岁），游×（34岁）。

2006年7月15日受理调结。

经过：7月15日林×和游×在大场清粮，为争清粮机发生争执，互不相让。经连干部调解，林×让出清粮机，让游×清粮。

● 纠纷类型；邻里纠纷。

当事人：赵×（35岁），游×（34岁）

2006 年 7 月 18 日受理调结。

7 月 18 日两人在大场发生了争吵，后来造成打架动手，由连队调解未成功。连队报派出所，由派出所出面调解。后由游×付赵×医疗费，表示再不对此事争执。

● 纠纷类型：土地纠纷。

调解主持人崔指导员，调解员徐×，参加孙连长及统计。

2007 年 4 月 12 日受理，13 日调结。调解成功。

经过：因为职工周×挖渠道占用了职工包×的土地面积，发生纠纷。连队先是让双方自行协商解决，因未达到协议找到连里要求解决。经查看，周×确实把渠道开在了包×的地里。经调解，周×将原渠道填平，在自己地里重新挖渠。

● 纠纷类型：邻里纠纷。

调解主持人崔指导员，调解员徐×，参加人孙连长。

2007 年 4 月 17 日受理，18 日调结。调解成功。

经过：职工苏×浇小麦水时，由于夜间没看清，将职工于×出苗的甜菜淹掉。先找到双方自行解决，实在不行由连队出面调解。连队查看了现场，对 4 行冲毁的（甜菜）报了保险公司，由保险公司赔偿，其余等地里干了，由苏×负责重耕。双方都比较满意。

● 纠纷类型：邻里纠纷。

当事人：徐×（34 岁），孙×（39 岁）。

调解人徐×。

2007 年 5 月 9 日受理，20 日调结。调解成功。

经过：徐×把孙×的水扒到自己果园浇园子，孙×找到配水员。徐调解员和配水员让徐×先停水，继续让孙×

浇水。徐×偷水时间所有水费由徐×承担，并对徐×进行批评教育。

● 纠纷类型：经济纠纷。

当事人：刘×（37岁），包×（34岁）。

调解人徐×。

2007年6月30日受理调结。调解成功。

经过：刘×收桃子时，发现包装得不太满，就将箱子扔下车，不给包人付钱，两人发生争持。先由徐调解员到现场了解，双方互不相让，找到连队，连队给予调解。刘×必须将包×这一箱桃子按实数付款，否则不让其车出连。刘×照量给包×付了货款。

● 纠纷类型，经济纠纷。

当事人：周×（36岁），马×（40岁，回族，农六连）。

调解员徐×。

2007年7月6日受理调结。调解成功。

经过：周×的制种玉米抽雄包给了六连马×的打工队，双方为耕地亩数和价钱发生纠纷。连里让其自行解决。最后由连统计量出地块的长度，周×确实少给马×工钱。协商后，每行再加1元人工费。

● 纠纷类型：经济纠纷。

当事人：侯×（40岁），谭×（36岁，回族，住大西沟）。

2007年9月2日受理，4日调结。调解成功。

经过：侯×采摘西红柿没劳力，连队从大西沟找了一批民工给连队采摘西红柿。给侯×采摘一天后，向侯×要工钱，侯×不付。发生纠纷，找到连队。侯×表示干完活后一次性结清，谭×要求一天一给，争执不下。最后谭×表示坚决不在二连摘西红柿了，光干活不付钱。最后由连队出面将侯×的采摘费收缴给谭×。

● 纠纷类型：婚姻纠纷。

当事人：××（40 岁），××（36 岁）。

调解员蒙××（女，政工员）。

2007 年 10 月 10 日受理调结。调解成功。

经过：两口子秋季以来光吵架生气，男（的）还动不动就打人，女（的）无法忍受，提出申请离婚。调解员经了解得知是为一些家庭琐事发生的矛盾，进行劝说。男（的）保证以后再不打女（的），如要打，家中一切财产全给女（的）。并写出保证书一份。

● 纠纷类型：土地纠纷。

当事人：刘×（36 岁），顾×（35 岁）。

调解员刘××（副连长）。

2007 年 10 月 12 日受理调结。调解成功。

经过：开春种地时统计把地都分好，界线也划清，到秋收后，刘×发现自己的地少了，找到连队要求重新丈量土地。连队调查并进行丈量，发现确有侵占之事，顾×多种 2.4 亩。（将顾×多种的地的）费用全算在顾×的账上，减少刘×的费用。俩人表示愿意。

第四节　基层干部待遇及干群关系

改革开放以前，团场对连队干部实行党委任命制，连队干部多达十几人。改革开放以后，采取减员增效，实行民主选举干部和聘任干部两种办法，团场和连队干部签订承包合同。根据六十一团文件（团发〔1984〕58 号），干部一律实行固定职务工资。1985 年 1 月起执行职务工资，连队干部的工资、报销一律由团行管科发放，并记入各单位的管理费内。连长和指导员由团任命和聘用，连队工作人员由连长、指导员提名，团组织部门考核，党委批准聘任。1995 年，干部实行年薪制，根据职务划分等级，本人原工资级别作为档案保留。

目前，干部的工资分为年薪工资和奖励工资两部分，年薪工资按规定的标准发放，奖励工资则根据单位的效益以及考核的情况发放。根据 2001 年团场的经营管理规章制度，机关副团以上干部按师规定执行年薪工资，正团级年薪 2 万元，副团级年薪 1.6 万元。基层单位执行年薪工资的在职干部，其年薪标准参照表 6-6，年初要缴纳风险抵押金 100%。执行岗位技能工资的每人每年只发 9 个月工资，后 3 个月，年终考核后兑现。工作好的有奖金，完不成任务的扣工资。年终奖金分配办法系数为：正职干部 1.5，副职干部（包括单位财务会计）为 1.2，其他干部为 1.0。对未完成指标的罚款同比例执行。奖金最高不超过本单位职均收入的 3~6 倍，扣罚款最低的只发给每月 300 元生活费（2007 年团场的经营管理章程规定，对超额完成和未完成团财务指标的单位，奖罚均按 30% 执行，最高不得超过工资总额的 30%）。单位后勤人员（治安员、看场人员、保管员等）每年在 4800~5500 元的标准上各单位自行掌握。显然，超额完成财务指标，干部们就会有奖励。也就是说，利费上缴情况直接与干部们的收入挂钩。

表 6 - 6　执行年薪工资的单位工资水平

单位：元

干部级别 ＼ 工资等级	一　类	二　类	三　类
正职干部	15000	13000	11000
副职干部	10500	9100	7700
其他干部	8400	7200	6160

资料来源：《2001 年企业管理规章制度》。

连里干部说奖金拿到的并不多，其他的福利待遇也不多，自己付出的很多，很繁忙很辛苦，权力有限。

干部座谈会：二连是个大连队。正连级年薪 15000 元，副连级是正连级的 80%，业务干部是副连级的 80%。奖金的分配系数以前分别是 1.6、1.2、1，现在改为 1、0.8、0.64（是前一个的 0.8 的 0.8）。（20）05 年基本完成任务，（20）06 年连里干部拿了点资金。去年、前年的奖励还没兑现，罚的已经扣了。这两年团里不景气，也比较紧张，机关干部（20）04 年的奖励都未给，（20）03 年的兑现了。连队的（20）05 年的奖励兑现了。去年连里超了 18 万元，可拿奖金 20%，提了 3 万多，再按系数分，两个 1，三个 0.8，连长、指导员各奖 5000 多元。考核我们，要从职均收入、订单保险、风险收入等各方面考核。

连里干部，上班摩托车的油不给，手机费自己掏。一个月油钱 100 元，手机费 100 元，劳保福利都在年薪里包括了。7 个干部都住团部，早晚骑摩托车上班。20% 的职工住团部。原来想建公房，给在职的干部住，但不好办。吃饭是在职工家里包伙。

连干部没有多少财务权。连长有发放 500 元的权力，团财务科长有发放 2000 元的权力，再多的钱就要团领导亲自批准。连里的招待费实行零控制，当然可以找团领导签字报销。

连里事多，家里打架，鸡找不到，所有的事都来找连里。干部辛苦。每年播种时，天一亮就到地上，天黑才能回家。制种玉米收雌株花，要一棵棵的换，需要很多劳动力，连里要解决职工生产中的困难，帮助安排、组织劳力。五一、三八、七一、五四这些日子，党员、团员都要参加义务劳动。

附：基层单位考核指标①

考核指标由经济发展指标和精神文明指标构成，经济发展指标权数占 65%，精神文明指标权数占 35%，此项指标是年终单位评比先进的依据（对安全生产、综合治理、利费上缴指标均实行一票否决制）。

1. 经济发展指标（100 分）

(1) 当年利费上缴指标完成情况 　　　　　　30 分

(2) 职均收入指标完成情况 　　　　　　　　30 分

(3) 职工欠款回收指标完成情况 　　　　　　15 分

(4) 国内生产总值指标完成情况 　　　　　　10 分

(5) 畜牧业发展指标完成情况 　　　　　　　15 分

2. 精神文明指标考核（100 分）

(1) 党建工作 　　　　　　　　　　　　　　12 分

(2) 宣传教育、思想政治工作 　　　　　　　12 分

---

① 摘自《六十一团企业经营管理章程》，团发〔2007〕9 号。

(3) 社会治安综合治理工作　　　　　　12 分

(4) 党风廉政建设工作　　　　　　　　12 分

(5) 工会工作　　　　　　　　　　　　12 分

(6) 计划生育工作　　　　　　　　　　10 分

(7) 安全生产工作　　　　　　　　　　12 分

(8) 共青团工作　　　　　　　　　　　9 分

(9) 民族团结（其他）工作　　　　　　9 分

　　1984 年团里就规定在职干部不要承包种地，以后又一再申明团、连领导干部承包经营土地或变相承包、个人购买经营或以入股形式参与经营大中型农机具的必须退出，使干部们能够集中精力搞好工作，并避免干部们借用权力多拿多占的现象发生。连队没有招待费，连干部没有专车，家又不在连队，天天骑摩托车或搭车从团部赶到连里上班。冬闲时连队干部除值班的外，无事也不常来连队。团、连干部的义务劳动是较多的，农忙时间经常会有义务劳动（见图 6-3）。我们开始调查的第二天，全团机关干部去帮助职工收糖萝卜，挖、削、装车，基本没有报酬。在拾棉花、摘西红柿时干部们都会有这样的劳动。我们离开团场时，又值呼尔塞旱田修渠大会战，也是全部机关干部，包括连队上有工资收入的在职人员，全都去干活，自己解决交通工具，自带午饭（见图 6-4）。

　　虽然有各种规章制度进行防范，连队干部自己也做了很多工作，但由于各自所处的位置不同，干群之间总是有矛盾。二连的干部都不是土生土长，虽然有民主选举、民主评议之说，其前提还是要在领导认可的基础上。要与上级领导及部门搞好关系，同时也要顾及群众态度。如果连

图 6－3　劳动通知（摄于 2007 年 10 月 24 日）

图 6－4　干部义务劳动（摄于 2007 年 10 月 28 日）

队干部不能得到群众的肯定，就会被调动到其他岗位（可能是其他连队）。一些职工对连领导不信任，认为他们有机会得到许多好处，而且责任心也不够，做表面文章的多，如营区的路灯不亮，因为没接电线，只是为了应付检查；新修的营区道路过窄，不方便车辆通过；干部们的服务意识不强，需要他们出面找人、找车等生产事宜的服务不到位；管理意识不强，打场地经常发生争执，管理不好，等等。职工们对能为自己切身利益考虑、关心职工生产生活的干部还是很尊敬的，只是觉得这样的人少。

退休职工 L：兵团的干部，不存在本乡本土的，这里搞不好，就调整到其他连队，没有长期的打算。连里 7 个干部没有一个本乡本土的。

退休职工 Z：上面调换一个领导，下面换一批干部。都拿工资，来回安排。这里选掉了就到其他连队当宣教。几个连领导，专门有两个低保的人去打扫卫生。当官的地都不下。去年（2006 年）来了个副连长，好！来了不长的时间就知道哪个人哪份地，后来调到别的连去当连长。

青年职工 X：民主是空的。开会多，都是领导说话，不给我们说话的机会。在会上提意见，说会后解决，实际会后没有人管。

问卷调查中，认为干群关系不好或很不好的占 27%。多数人（41 人中有 28 人）都认为能够担任连队干部的最重要的原因是上面有关系，个人的组织领导能力固然重要，但没有关系是不行的。有 11 人认为担任干部的人有较强的组织领导能力。

当然，意见最多的并不是干部本身的管理或与群众的关系，而是针对一些制度设计，如土地费过高、先交钱再种地、订单产品收购与售出的价差归谁所有、农作物种植没有自由权等，关键是很多职工认为自己的付出与收入不能成比例，团场与职工是风险共担，但往往没有赢利共享，因此，对团场、连队包括干部们的收入有种种猜想，认为他们的多取造成了自己的少得，企业管理中的一些制度性问题演变为群众对干部、团场和连队的不信任，所以具有一定的普遍性。

在连队，连队干部和职工存在着博弈。按有的职工的话说，连队干部只要将土地费收齐了就算完成了一年的任务，其他的事可以不管了。连队干部要成为团场称职的干部，取决于职工的配合，一是按指导计划播种，二是在规定的期限内缴齐费用，其他就是一个正常生产、生活秩序的管理与维持。职工则主要关注自己的生计，希望能从土地上获得更多，希望上缴的再少一点。而目前团场管理机构的运转，社会事业的开展，职工各类福利的保障，包括师、兵团等上级机构的正常工作，都仍然主要依赖连队职工缴纳的各种费用。因此，短期内兵团职工的减负问题仍然是一个沉重的话题。

附：六十一团贯彻"1+3"文件加快改革发展纪实①

天山网讯（记者周桦林，通讯员刘新喜、兰玲玲）有着700年悠久历史的阿力玛里（突厥语苹果城），经历了无数风雨，承载着许多变迁。2004年夏，这里再次经历了其发展史上的一次重大变革：农四师六十一团做出一个大胆而又冒险的决定，撤掉全团通向外面的8个关卡。

---

① 华夏经纬网，01/06/2005/10:38，稿源：《兵团日报》。

　　说大胆和冒险，是因为这种在兵团许多团场司空见惯、在六十一团也有 10 多年历史的关卡一经撤掉，就意味着承包职工可以自由经营农产品了，团场利益如何保证？每年全团上千万元的利费收不上来怎么办？

　　关卡意味着什么？它意味着封闭，也意味着承包职工缺少经营自主权，还意味着团场经济缺少活力……

　　六十一团做出撤卡的决定，是深化团场改革迈出的坚实一步，更是扩大职工经营自主权的重大突破。

　　位于伊犁河谷以西、天山北麓波罗科努山的六十一团，属典型的逆温带气候，雨水充沛，土地肥沃，生态环境优越，远在中世纪，阿力玛里就被誉为"中亚乐园"。

　　自 1962 年建团尤其是改革开放以来，六十一团经济社会发生了翻天覆地的变化，粮满仓，果飘香，畜兴旺。

　　然而，该团在发展中遇到了困难。进入新世纪后的几年，四年三灾，再加上市场波动的影响，团场经济有所下滑。尤其是连续 3 年冻灾，造成全团上万亩果园受灾，占全团总户数 68% 的职工累计挂账 2800 多万元，全团各种债权债务金额高达 1 亿多元。

　　发展中出现了难题。怎么办？六十一团党委一班人在破解难题时，明确提出：唯一的办法是改革。他们把改革的突破口选在了"扩大基层政治民主，扩大职工经营自主权"上。

　　自 2002 年以来，六十一团 15 个农林连队领导实行民主选举，同时连队生产经营、民规民约、低保补助等重大事宜，一律交连民主管理委员会讨论决定。民主选举初见成效。以 90% 以上的选票当选二连连长的席新年、指导员孙强带领连队干部一心扑在承包职工增产增收和致富上。他

221

们冬季组织职工举办栽培技术、园林技术培训班，自己亲自讲课，也请专业技术人员讲；春天帮承包职工备良种，购化肥，组织农机，还经常为承包职工站播种机；夏天抓田管，召开观摩会，组织职工学习掌握田管新技术；秋季又帮助职工忙收割，联系销售。二连的职工说：连队干部一年四季不得闲，太辛苦了。

在六十一团，连队干部由原来连队事务的决策管理者变成了出点子、提建议的参谋。去年初，二连领导提出对种植结构做一些调整，将四斗的400亩地种植甜菜。当方案拿到由50名干部、党员、条田长、职工及退休人员等组成的连队民主管理委员会讨论时，被大家否定，经讨论后改为种小麦和玉米。同样，在去年确定低保人员时，连队领导原来确定的人员中，不符合条件的在会上被取消，增补了符合条件的人。

九连的民主管理委员会有60多人，涉及职工群众的事一律交会议集体讨论决定，连队干部只有提方案的权利，最后决定权在民主管理委员会。去年，该连在审定危旧住房改造家庭名单时，原方案没有张杰家，但绝大多数人考虑到张杰家住房的情况，认为他应该参加当年的危改，最终会议同意了提议人的意见。

大家十分清楚，扩大职工经营自主权，职工能否自主销售产品是关键。六十一团领导决定撤掉关卡后，有人不无担心地提出，职工把产品拉出去自己卖了，利费收不回来咋办？

但团党委一班人认为，职工的自主经营权一定要落实，决不能打折扣，回收土地利费只有靠做好服务工作，让职工自觉自愿向团场交，而不是采用设置关卡硬堵的办法。

去年以来，六十一团把做好连队工作的重点放在为承包土地和果园的职工服务上。在机构设置上，原来抓生产的职能科室转为服务中心。相继成立了果业发展服务中心、畜牧业发展中心等服务性机构，为承包职工开展全方位的生产经营服务。

六十一团把职工利益实现好、维护好、发展好这句话落实在一切工作中，让许多职工感动。每年开春后的霜冻是该团农作物和果园生产最大的威胁。去年4月中旬，得知夜间有可能出现霜冻，团场立即给各连果园和刚出苗的地运去了事先准备好的8万多元防霜冻熏烟材料，机关和连队干部、承包职工在地头备好一堆堆材料。连续3天晚上，干部们守在连队或地里，等待团场根据气象变化下达燃烟防霜冻的命令。去年春天，全团没有一亩果园和作物因霜冻受灾。

六十一团的职工说，干部把承包地当做自己家的地一样对待，这话一点不假。哪家承包地种什么，用什么种子，施多少肥，产品往哪里销，等等，团、连干部都与一户户职工盘算，根据职工要求，所需农资都一一拉回连队库房。有的干部还拿出积蓄为缺少生产资金的承包户垫付种子或化肥款。良好的服务，促进了生产。去年，六十一团小麦、玉米及果园全面增产增收。全团2万亩玉米，单产达到812公斤；生产总值预计超过亿元，比上年增长16.7%；职均收入达1.05万元，比上年增长30%以上。

2004年已经过去，是不是像在撤关卡时有人担心的那样，团场收不回应收的土地利费呢？

2005年元旦前夕，记者在该团了解到，全团8.4万亩耕地，包括2万亩果园，不仅99%的承包职工主动缴清了当年应缴的利费，而且还主动上缴了往年的挂账300多万元。有耕地7600多亩的九连，去年职均收入1.06万元，全连205个承包户12月中旬把应缴利费153万元，全部缴到了财务科，还还上了往年的7万元欠款。

九连连长王根保还谈了一件有意思的事：王利仁、杨伊河等5户职工，因为他们的住房和承包地远离连部，过去的卡子对他们没用，往年自己把产品卖了，欠了团里12万元。2004年，5户职工不但缴了当年的4万多元利费，还还清了往年的欠款。

五连职工许忠福家并不富裕，去年承包了110多亩地，收入不错，他们首先想到的是还上往年的2.1万元欠款。妻子冯英直率地说，种地缴费，欠账还钱，天经地义。

从怕职工不缴利费设关卡堵产品，到职工自觉自愿上缴利费，这不能不说是六十一团在贯彻落实兵团农牧团场"1+3"改革文件时出现的重大变化和新突破。这种变化给了我们一些启示。

启示一：落实"1+3"文件，"两扩大"是核心，要真正落实不是一句空话。如果关卡不撤，承包职工何谈经营自主权？六十一团职工说得好，关卡撤了，承包经营才真有了自主经营权。

启示二：能不能收回应收的利费，关键在转变职能，搞好服务。去年，六十一团把关卡撤了，全团职工上缴利费反而比往年又快又好，这得益于团、连干部一心为职工增产增收着想，为承包职工服务。去年，全团职工手里有近万吨玉米没卖出去，团场免费提供烘干机帮助烘干玉米，并以每公斤高出市场价六七分钱的价格收购，为职工排忧解难。服务工作做好了，职工增收了，职工能不上缴应缴的费用吗?

启示三：贯彻落实"1+3"文件要系统、全面地抓。"固定、自主、服务、分配"是深化团场改革的重点，它既相互联系，又相互促进，相辅相成，缺一不可。只有几方面同时抓扎实了，才能取得理想的效果。六十一团土地固定面已达到90%以上，而且租赁承包面积达到85%，2005年该团还将进一步抓紧各项改革措施的到位率，到位率越高，改革的效果就会越好。

第七章　保国戍边

六十一团是边境团场，20 世纪 60 年代建团即是为了保卫边境安全。新疆建设兵团共有 58 个边境团场，农四师的 19 个团场中有 13 个是边境团场，其中 7 个团场与哈萨克斯坦接壤，分别为六十一团、六十二团、六十三团、六十七团、七十四团、七十六团、七十七团。几十年来，这些边境团场一直承担着维稳戍边的责任，为保护边疆稳定、领土安全作出了重要贡献。

第一节　民兵

兵团的职工亦农亦兵，平时种地，战时拿枪。兵团长期以来一直教育职工肩负着屯垦戍边的双重责任。记得笔者 20 世纪 70 年代在南疆的一所兵团学校上学时，初中的学生大都是基干民兵，每年要接受一定时间的民兵训练。但兵团职工还是走了一个由全民皆兵（民兵）到一部分人为兵的过程，生产任务日渐繁重，有一部分人作为专职民兵，主要承担战备值班、生产、训练、护边、执勤、抢险救灾、协助公安、武警收捕犯罪分子等任务。多数职工主要忙于生计，年轻人中的一部分每年参加若干天的民兵训练。

在六十一团，1963 年 1 月，根据战备需要，组建了 4

个民兵步兵连、1 个骑兵连、1 个机炮连和 1 个独立排，主要担负战备值班、生产、训练、护边等任务，与红卡子边防站、阿力玛里边防站共同保卫、建设边防。当时每天 8 小时上岗执勤，下岗 4 个小时生产劳动。民兵干部、战士均由复转军人、青年组成。1966 年，基干组建民兵 678 人，均编为步兵，当年骑兵连改为步兵连，马匹分配给各连队马车班。

　　1969 年 10 月，中苏关系紧张，团党委从转业退伍军人和支边青年中挑选了 120 人，组建值班连（以后又称应急连、青年连），配备武器装备，统一着装，长年担负战备值班任务。值班连有 2 个特勤排、1 个技术排，实行军事化管理体制。开始是巡逻值班，保卫边防，以后是利用现代化农业机械从事生产建设。值班连坚持每周班务会制度和连队点名制度，农闲时练兵，经常进行紧急集合演练，以各种形式在班排间开展比武竞赛。团里开会学习，观看节目，集体活动，值班连都坚持列队、统一行动、统一着装。按照团里不成文的规定，每年复员转业的军人，必须先分配在该连，团里再根据其表现选拔任用，调到机关部门及连队任职。工资实行年薪制，每人每年保证 4500 元的基本工资。值班连先后完成 10 多次重大维稳任务。1964 年春，配合公安机关一举捣毁旨在推翻国家政权的"中国荣誉党"反革命集团。1981 年 11 月，成功围歼盗窃国家武器、连续杀害 2 人、打伤数人的暴徒；1997 年，伊宁市发生"2·5"反革命暴乱事件，赴伊犁护库两个月，受到兵团军事部的表彰；1998 年 9 月，按上级命令配合公安干警抓获 3 名民族分裂分子。完成各种急难险重任务。1984 年 8 月，阿拉玛力边境原始林区库特克所依克沟发生森林大火，青年连第一时间赶赴火灾现场，与友邻部队一起奋战 22 昼夜，扑灭大火。1992 年秋天，奉命支援团施工队修建水库大坝筑基工程，赶在汛期前完工。1998 年 6 月，山洪暴发将通往基建连、园林四连、农十连的大桥冲垮，几千人的生活和学生上学出现了困难。青年连全体出动，拦洪堵坝，搭建一座浮桥①。该连自组建以来，获得自治区、兵团、农四师颁发的十几项殊荣。

在六十一团，很多人至今还记得 1979 年战备时的紧张状态。1978 年 12 月中旬，团根据上级指示"做好反侵略战争的一切准备"，全团进入一级战备，民兵一边进行军事训练，一边修筑军事工事。民兵外的其他职工家属、小孩普遍参加战备工作，在大山深处修建后方基地，储备战备物资。1979 年 2 月，农一连、农二连、农三连等单位的老弱病残、家属、小孩 3775 人紧急疏散。1977 ~ 1985 年，团里一直有一个班的民兵武装放牧。"面对蜿蜒的界河，背靠亲爱的祖国，我们种地就是站岗，我们放牧就是巡逻……祖国富强就是我们的欢乐。"这是六十一团团歌中的歌词，也是六十一团的真实写照。

二连干部座谈会：浇水就是放哨，种地就是巡逻，能在这儿种地就是守边。连里有应急分队，30 人，男性，从 35 岁以下的青年中选出的，服过役，素质高，有交通工具的优先。他们是基干民兵，抢险、抢洪等，全是义务，由团武装部管。

现在各连都有 30 ~ 50 人的应急分队，每年都有训练任务，招之即来。1997 年伊犁"2·5"事件时，团里民兵全副武装，以最快的速度，不到两个小时就赶到伊宁，完成

---

① 六十一团就业与再就业及社区工作情况汇报（2003 年 10 月）。

任务。这些年由于边防形势和缓，团场在综合治理、平安建设方面下了很大工夫，连队民兵主要在训练、抢险、生产会战方面受到关注。

干部职工也很有维护边境地区稳定的意识。连队干部说，边境地区要保持稳定，对宗教活动控制较严，注意信教人员的动向。职工们对一些管理措施也表示理解。职工家属（女，62岁）：现在电视上只两个台，节目太少了。夏天我们花了380元，装了个锅（即卫星电视接收器），可以收外国十多个台。只一周就让去掉了，怕坏分子破坏。全连有十多家买锅的，不让安。现在锅还在家里。

附：我师首批骨干民兵完成军训任务①

霍城讯　12月3日上午，参加师人武部首批军训的六十一团、六十二团、六十三团的150名骨干民兵圆满完成为期10天的训练任务。

为了增强基层民兵的军事素质，全面提升维稳戍边能力，师人武部从六十一团、六十二团、六十三团生产一线抽调了150名思想素质高、训练有素的骨干民兵参加封闭式训练。在军训中，师人武部认真落实胡锦涛主席关于大力抓军事训练的重要指示精神，以反恐安边为己任，以提高战斗力为核心，围绕按纲施训、从严治训、提高质量、创新发展的总体思路，突出民兵干部指挥训练和民兵分队成建制协同、应用训练，努力提高训练的质量和层次，增强了民兵参战支前、反恐维稳和承担急难险重任务的能力。

_____

① 西极网＞＞新闻＞＞垦区新闻＞＞师团动态＞＞文章正文。来源：伊犁垦区报，编辑：冯梅，日期：2007–12–10。

在为期 10 天的军训中，民兵们在教官的指导下，进行了体能与队列训练、实弹射击训练和战术演练。同时，他们在训练之余不放松政治学习，通过开展教唱军歌和学习十七大精神等活动，进一步增强了民兵的组织纪律性和国防观念。

第二节　连队的稳定

边境团场驻守在国境线边上，团场稳定才能保证边境稳定，团场稳定又主要取决于团场的主体，即职工队伍的稳定。职工能安心在团场生产、生活，就是加强了边防，守住了边境。职工的稳定主要还是在于团场的吸引力，吸引力强，凝聚力就强，就能留住人心。仅就我们的调查来看，目前团场为本地的经济社会发展做了很多努力，取得了很大成绩，但团场本身又是一个企业实体，必须考虑企业的赢利。团场又要承担教育、卫生、社保等诸种社会责任，尤其是承担沉重的养老负担，因此，在收入分配方面，团场与职工强弱之分明显。可以说，这样一个以农牧生产为主的边境团场，对于很多职工的吸引力是有限的，其凝聚力也主要来自于土地的利益，尤其是对于不少中青年职工，生产上的实际收益远低于预期，福利保障中重要的一部分（养老）可望而不可即，严格的生产管理制度使其感到缺少自主权，认为自己生活得不如周围的县乡村民，心中有着许多失落。

我们的问卷调查反映得很清楚。在连队，老年职工可以安享晚年，在职职工则负担较重。最令人担忧的就是中青年目前的生活和心理状态。在问卷调查中，30～49 岁的中青年人中近 30% 认为自己家庭生活较差或很差；35% 的人对自己目前的生活状态表示不满意（见表7-1）；对于"与过去五年比，您觉得目前的生活怎样"这个问题，认为变差了的4人，都是30~39岁的青年人，占这个年龄段被调查人的15%（见表7-2）；对以后生活状况的预期，感觉不好或不明的也都是30~49岁的中青年（见表7-3）。年轻人对生活不满意的程度高，言谈中也心存许多抱怨。一些人对未来发展没有太大希望。

表7-1　问卷调查：对个人目前生活状况的满意程度

类别 \ 选项	满意（%）	一般（%）	不满意（%）	说不清（%）	人数（人）
30~49岁	10.8	48.6	35.1	5.4	37
60岁以上	57.1	42.9	0	0	7
合　计	22.4	44.9	28.6	4.1	49

表7-2　问卷调查：与过去五年比，对目前生活状况的感受

类别 \ 选项	更好了（%）	没变化（%）	变差了（%）	人数（人）
30~39岁	57.7	26.9	15.4	26
40~59岁	76.9	23.1	0	13
60岁以上	100			7
合　计	69.6	21.7	8.7	46

表7-3　问卷调查：对以后生活状况的预期

类别 \ 选项	越来越好（%）	和现在差不多（%）	越来越差（%）	说不清（%）	人数（人）
30~49岁	75.7	5.4	13.5	5.4	37
50岁以上	100	0	0	0	11
合　计	81.3	4.2	10.4	4.2	48

多数被调查人认为，兵团职工的生活状况比县乡村民的差。在兵团职工与地方村民生活状况的比较中，回答问题的 44 人中，20.5% 的人说好，72.7% 的人认为差，6.8% 的人认为一样。认为差的人分布在各年龄段，但在 30~49 岁的中青年中尤其高，为 76.5%。回答"好"的人中也有没有职工身份的人，他们的土地收益不错，认为兵团比地方好，并在想办法成为兵团职工。60 岁以上的老人认为兵团比地方好的占 1/3，退休职工有养老金，生活保障比地方好（见表 7-4）。如前文所说，反映的问题主要集中在缴纳土地费和种植自主权方面。

表 7-4　问卷调查：兵团职工与地方相比的生活状况

类别　　　　选项	好 （%）	一样 （%）	差 （%）	人数 （人）
30~49 岁	17.6	5.9	76.5	34
50 岁以上	30	10	60	10
合　计	20.5	6.8	72.7	44

很多人并不希望自己的孩子在连队、在兵团，甚至是在新疆生活和工作。在对二连的问卷调查中，43 人中有 37 人表示认同"希望自己的孩子能在内地工作"的观点。在对一个 60 多岁老人的调查中，调查员问是否希望孩子在内地工作，回答说他们已经工作了，哪也去不了，再问对孙子是否有此希望，老人犹豫着，说希望有什么用，没想过，但不要再务农，像我们一样刨土。有人表现得更迫切，说无论如何都要把孩子弄出去，不能让孩子留在本地。另一个对于孩子将来的工作与生活地点希望的问题，有效回答的 44 人中，选择最多的是到内地大城市，有 26 人，占

52%；其次是新疆其他城市（7人）、乌鲁木齐市（4人），选择乌鲁木齐市的一人明确说明是到兵团（司令部）工作。希望出国或到县城的只有1人。有1位年轻人说没想过，只要不在农村就行。明显反映出城乡差别、新疆与内地的差别。

城乡差别、新疆与内地的差别都是现实存在的，团场很多人因此而离开。20世纪60~70年代陆续分配到六十一团的有北京农学院、四川农学院、西北农学院、江苏农学院的植保、园艺、农机等专业的毕业生。20世纪80年代后，大批科技人员调离团场[1]。即使是就业困难，至今团里新进来的大学生也不易被留住。团医院的一份汇报材料中指出医院不能留住新进来的大学生的原因：一是边疆条件落后，文化生活单调；二是工资偏低；三是交通不便。在团医院工作的主要是本地自学成材、土生土长的卫生技术人员，而他们很难出去进修学习，这成为医院发展的主要困境[2]。

退休职工L夫妇：（20世纪60年代）武汉、上海知青都来了，后来有90%的人都回去了。一起从四川到团里来的300多人，陆陆续续走了些，具体走了多少也说不清。承包土地时走的人，就拿了退职费，一年一个月的工资，几十元钱，什么也没有。

一些离退休人员选择了回故乡生活。二连22名离退休

---

① 由于地区经济发展的不平衡及政策倾斜，大量的高层次人才以各种原因和途径选择离开兵团。据统计，20世纪80年代末90年代初，兵团各类人才共流失30多万人，大多是医疗、科研、教育单位的骨干和技术、管理人才（王淑云等：《兵团人力资源开发问题与对策》）。

② 《六十一团医院2005年–2010年基础设施建设规划》。

党员中就有 3 人长期定居内地生活。

职工 U（男，40 多岁）：我父亲是 1960 年随部队来到这里的，1972 年从四川老家把我和我弟及母亲三人接到六十一团，现在他们都已经退休了，回四川老家了。我们的亲戚都不在这边，家族中就只有我和我弟在这个连队，我们准备退休了也回四川。

还有很多团场职工的孩子出去了。考上大学的基本不回来，而且团场的孩子很用功，家庭对子女教育很重视，考上大学的人较多。据连里人说，在外工作或上学的不少，出国的也有。连部对面开小商店的一家，5 个孩子，有两个在本团，一个儿子在福州，两个女儿在美国。职工子女有到哈萨克斯坦的，有在上海工作的，在乌鲁木齐市工作的就有六七人。年轻人出去打工的也不少。另一个职工家庭，大儿子在二连当职工；小儿子是厨师，在昌吉打工；女儿是学医的，在西安工作；侄女的户口早已迁到本连，目前在广州打工。一位母亲说自己的一个儿子在乌鲁木齐打工，他的那份地由他哥哥种。在乌鲁木齐市打工的儿子每月工资 800 元，要租房，吃饭，只够生活，和种地差不多。调查中感觉连队 30 岁以下的年轻人较少。二连有团员 11 人，年龄主要在 28～30 岁间（有 8 人），有一位 18 岁，其他人也已 27 岁，年龄明显偏大。在连里的汇报材料中，全连总人口 767 人，职工 316 人，退休人员 148 人，青少年只有 60人。这反映出年轻人出去的较多。

一些初高中毕业、没有能够继续深造的年轻人，出外闯荡了几年，又回到连队，承包土地。

连干部 T：孩子中 50% 多一点在外面工作，上了大学的出去了，考不上大学出去的没有。考不上的 90% 以上的都回来了。高中以上文化的适应环境，随便找个工作比家中轻松，学习烹调等。有的人干了几年，工资低，累得很，加上不好找工作，就回来了。手艺精的没有回来。回来的人承包土地，批了工作，也可以成为职工。好几个人，在外开长途车，干了几年，挣了点钱。那些年种地效益不好。现在回来种地。

职工 X：我 16 岁出去，32 岁还在这里，跑了多年。年轻时都出去了，最后都回来了。终归是农民，要守着这块土地，这是不变的规则。

外面的世界很精彩，也很无奈。回到连队或者留在连队没有走出去，是因为这里还有一块赖以生活的土地，但不少年轻人留得并不踏实。几名二三十岁的男职工谈到目前连队存在的一些问题，比如，种农作物没有选择的余地；种地费用高，基本上收支平衡，时常出现亏损；职工生活贫困，许多大龄青年娶不上媳妇；等等。问到他们为什么没有想着出去找更好的出路而愿意待在连队时，他们回答：我们也想出去打工或者是干别的挣钱，但是连队的职工如果出去了，再回来就没有办法再成为职工；外面的工作不好找，我们也没有一技之长，好多人干了还问老板要不上钱；不知道在外面能不能干好，干好可以不回来，干不好要回来，回来了连地都没有。

从小受兵团教育、受父母一代熏陶的年轻人虽然心有所失，但他们仍有责任感，知道自己肩负的责任。职工 X：农业是充满希望的职业，春播秋收，但我们现在看不到希望。我们都是老职工的后代，老人经常教育，我们也知道责任，即使生活的不好！要说自己真想要做些什么，只是说说。

在兵团的第二代人中，很多人都把自己生于斯、长于斯的连队作为自己的家乡，把建设家乡、保卫家乡视为自己的责任，把个人的利益与团场的发展结合在一起。但同时他们也遇到了不少困惑，不少困难。兵团的事业要继续下去，需要年轻人的认可与参与。边境团场尤其要重视人心的凝聚，这不仅是团场发展的需要，更是保疆卫国的需要。希望国家、兵团对此能有更多的支持，也希望团场能更好地理顺与农牧一线职工的关系，尽快提高职工的收入水平，减轻职工负担，让职工们也更多地分享国家发展的成果。

后　记

在对新疆农村社区的研究中，新疆生产建设兵团的连队是无法避开的。兵团连队不同于一般的农村社区，在制度设置、管理体制、人员构成、生产生活方式等方面都有着自己的特殊性。也因为这个原因，直接进入兵团连队调查尤其是边境连队，是有一定难度的。所以，在"当代中国边疆·民族地区典型百村调查"所涉及的新疆 22 个村庄中，本书所述的地处中哈边境的农四师六十一团农二连是唯一的兵团单位。希望通过本书，能让读者了解兵团的制度和发展、连队人的生产与生活，了解屯垦戍边的艰苦以及目前兵团连队在发展中仍然存在、但逐渐在改善的困境。

在调查与写作的过程中，我们深感有关连队社会生活等方面的内容较单薄，而对团连的生产和分配制度叙述较多，其原因有二：一是，兵团连队与地方村庄的差别很大程度上表现在团、连的生产和分配制度方面，连队人的生活和心态受这种制度设置的影响也很大，详细的阐述是很有必要的，而兵团及团、连丰富的档案资料使我们有了进行阐述的可能；二是，我们对连队社会生活的了解的确有限。调查中，二连职工对我们的身份常出现误认，虽然我们一再如实告知。他们认为我们如同通常的调查组或记者，是来了解问题的，所以我们听到更多的是问题的反映，以及解决问题的希望，而涉及衣食住行、婚丧嫁娶、家庭、日常交往等话题时，很难引起材料提供者的兴趣。调查时间短又使我们难以弥补这个缺陷。

我们在调查中听到了各种声音。不同人站在自己的角度去考虑事情的合理或公正，客观上受到位置和视野的局限，主观上也是更多地关心个人的利益，这是每个人都难以避免的。作为调查者，我们没有资格，也没有能力，对这些诉说做出是非评判、价值判断。因此，在本书中，我们更多的只是将各种文件、图表、数据，以及不同人的说法和解释，摆出来，使读者通过这些材料对我们调查的团场和连队有个初步的了解和认识。其中的偏颇甚至错误也是难免的，希望能得到读者的批评指正。

调查期间我们得到了农四师副师长（时任六十一团团长）王作敏、六十一团政委温明海的支持与帮助，在此表示感谢，团领导的支持是我们的调查得以顺利进行的前提。感谢农四师纪委副书记、监察局局长王鸿勋的帮助和支持，感谢六十一团发改科、教育科、宣传科、团医院等部门和单位，他们热情为我们提供资料和数据，使我们从文本和数字中对整个团场有了一定的了解。特别感谢团发改科的齐显华主任，他全程陪同我们进行调查，并与各部门及调查点进行协调，同时还以他对政策的准确把握以及丰富的经验和学识回答了我们调查中的许多不解和疑问。最后，向二连的干部、职工表示衷心的感谢！他们的配合是我们完成调查的基础，连里全面而丰富的档案资料也使我们得以在较短的时间内了解连队的生产、管理、治安等诸多内容。依靠这些帮助，才有了我们这篇调查报告。

　　感谢中国社会科学院中国边疆史地研究中心提供的机会和给予的支持，感谢李方老师的指导，感谢新疆社会科学院马品彦老师的信任与支持，感谢新疆大学孟楠老师的热情帮助！谢谢课题组成员吐尔文江、邢剑鸿、杨富强、马秀萍，以及新疆社会科学院的龙贵泉科长，他在本次调查中义务当司机。在 2007 年 10 月底的寒风中，课题组的全体成员不辞辛劳、精诚合作，才保证了调查的顺利完成。

李晓霞

2009 年 8 月

图书在版编目（CIP）数据

戍边人：新疆六十一团农二连调查报告/李晓霞著.
—北京：社会科学文献出版社，2010.6
　（当代中国边疆·民族地区典型百村调查/厉声主编.
新疆卷. 第 1 辑）
　ISBN 978 - 7 - 5097 - 1267 - 2

　Ⅰ . ①戍… 　Ⅱ . ①李… 　Ⅲ . ①生产建设兵团 - 调查报
告 - 新疆 　Ⅳ . ①E24

　中国版本图书馆 CIP 数据核字（2010）第 036433 号

当代中国边疆·民族地区典型百村调查：新疆卷（第一辑）

戍边人
——新疆六十一团农二连调查报告

著　　者／	李晓霞
出 版 人／	谢寿光
总 编 辑／	邹东涛
出 版 者／	社会科学文献出版社
地　　址／	北京市西城区北三环中路甲 29 号院 3 号楼华龙大厦
邮政编码／	100029
网　　址／	http：//www. ssap. com. cn
网站支持／	（010）59367077
责任部门／	编译中心 （010）59367139
电子信箱／	bianyibu@ ssap. cn
项目经理／	祝得彬
责任编辑／	王玉敏
责任校对／	张立生
责任印制／	董　然　蔡　静　米　扬

总 经 销／社会科学文献出版社发行部
　　　　　　（010）59367080　59367097
经　　销／各地书店
读者服务／读者服务中心 （010）59367028
排　　版／北京宝蕾元科技发展有限公司
印　　刷／北京美通印刷有限公司

开　　本／	889mm×1194mm　1/32
印　　张／	8.375　插图印张／0.25
字　　数／	184 千字
版　　次／	2010 年 6 月第 1 版
印　　次／	2010 年 6 月第 1 次印刷
书　　号／	ISBN 978 - 7 - 5097 - 1267 - 2
定　　价／	138.00 元（共 4 册）

本书如有破损、缺页、装订错误，请与本社读者服务中心联系更换

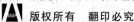 版权所有　翻印必究